DE LA

CONDITION DES ÉTRANGERS

EN DROIT ROMAIN ET EN DROIT FRANÇAIS,

Par ÉTIENNE-ARISTIDE RÉGLAT,

BEAUVAIS

IMPRIMERIE DE C. MOISAND, RUE DES FLAGEOTS

1872.

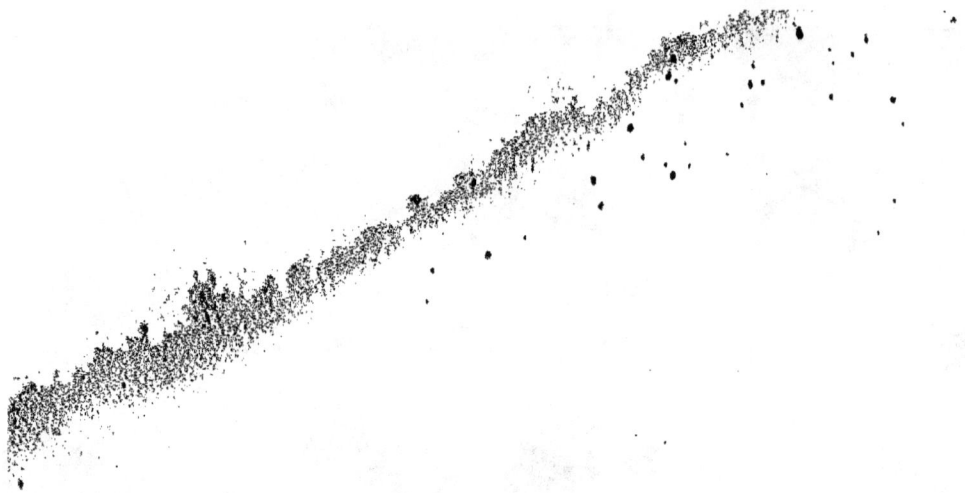

FACULTÉ DE DROIT DE PARIS.

THÈSE POUR LE DOCTORAT.

DE

LA CONDITION DES ÉTRANGERS

EN DROIT ROMAIN ET EN DROIT FRANÇAIS.

L'acte public sur les matières ci-après sera présenté et soutenu le Jeudi 4 avril 1872, à 2 heures,

Par ETIENNE-ARISTIDE RÉGLAT,

AVOCAT A LA COUR DE BORDEAUX,

Né à Saint-Symphorien (Gironde), le 29 décembre 1847.

(Mention honorable au Concours de Droit français. Paris 1869.)

PRÉSIDENT : M. LABBÉ, PROFESSEUR.

SUFFRAGANTS :
  MM. BUFNOIR,
  BEUDANT, } PROFESSEURS.
  GÉRARDIN,
  BOISTEL, } AGRÉGÉS.

BEAUVAIS

IMPRIMERIE DE C. MOISAND, RUE DES FLAGEOTS, 15.

1872

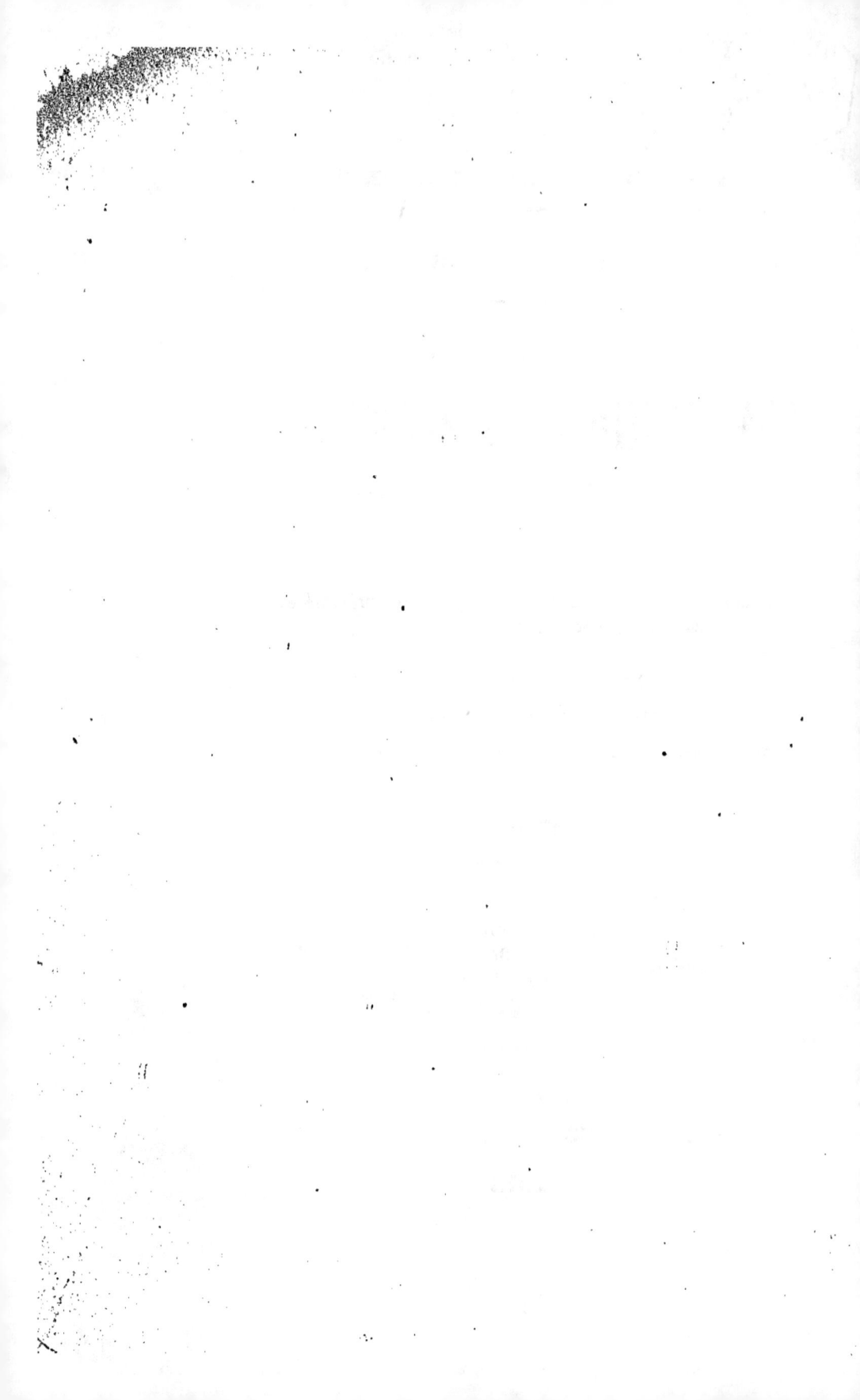

A mes Parents.

———

A mes Amis.

THÈSE DE DOCTORAT.

De la condition des étrangers, en Droit romain.

En abordant l'étude de la condition civile des étrangers, en droit romain, nous éprouvons le regret de ne pouvoir donner à notre travail tous les développements historiques qu'il comporte. — La condition des étrangers, à Rome, est tellement liée à la marche des événements, aux révolutions politiques et aux progrès de la civilisation, — qu'il est impossible de connaître la législation romaine, sur notre matière, si l'histoire ne vient éclairer et conduire le jurisconsulte. — La succession de la République romaine à la Royauté, de l'Empire à la République, — du christianisme au paganisme, — les conquêtes du peuple romain sur le Forum ou dans les Provinces, avec un Gracchus ou un Scipion, chacun de ces événements, en élargissant le territoire ou les idées du peuple romain, a contribué à apporter des adoucissements incontestables à la condition des Peregrini. — Quelle que soit l'utilité d'une étude historique, à côté d'une thèse juridique, — nous sortirons rarement du cercle étroit que nous avons tracé à notre travail. Aussi bien, trouverons-nous, sans empiéter sur le terrain de l'histoire, d'intéressantes discussions et des difficultés réelles, — qui méritent certainement un interprète *plus* digne d'elles. —

Nous n'entrerons pas dans l'étude des détails sans jeter un coup-d'œil d'ensemble sur l'histoire du peuple romain.

Dans le territoire étroit de l'Ager Romanus, — la religion, les lois, les droits, réels ou personnels, et la justice n'existaient que pour les citoyens romains seulement. — Dans le principe, on est civis romanus, ou hostis, — citoyen romain ou étranger. — Hostis, ainsi que nous l'apprend Gaius, ne désignait pas primitivement un peuple avec lequel on était en guerre ; c'est par un abus de langage que l'on est arrivé à donner à l'expression de « hostis » le sens d'ennemi. « Quos nos hostes appellamus, eos Veteres perduelles » appelabant, per eam adjectionem indicantes eum » quibus bellum esset (1). » — C'est à l'étranger, et non pas à un peuple ennemi, que songeait la loi des XII Tables, — dans sa prescription (adversus hostem æterna auctoritas). Ainsi, au début de la puissance

(1) Loi 234. De verb. Lign. Dig.

romaine, on a ou on n'a pas de droits, — selon que l'on est citoyen ou étranger. —

Voyons rapidement à la suite de quelles circonstances la cité romaine a cessé d'être une ville, — pour devenir, en quelque sorte, le monde entier. —

Peuple conquérant, vigoureux, fier de sa force, et jaloux de ses droits, — le peuple romain commence par courber sous sa puissance les populations des territoires voisins de Rome. — Des vaincus Rome fait des alliés ; — avec eux, elle étend peu à peu sa domination sur l'Italie, et conduit successivement ses légions victorieuses sur toutes les parties du monde connu. — Au fur et à mesure que l'ager romanus prend de l'extension, et s'ouvre à des peuples nouveaux ; — de nouveaux besoins se font sentir, grâce aux relations qui s'établissent entre le vainqueur et le vaincu. — Les contrats, les transactions naissent de ces relations ; — de même que l'ager romanus s'étend sur les territoires conquis, — le droit, le droit ancien, le seul que les Romains reconnaissent, le jus Quiritium, devient accessible aux sujets du peuple romain. — Le jus commercii, c'est-à-dire le droit d'être propriétaire, de pouvoir contracter, *ex jure Quiritium*, est accordé aux peuples soumis, — que Rome, en même temps, incorpore dans ses légions, pour les faire servir à ses immenses desseins. — Mais, de même que dans l'intérieur de la cité, — il y a séparation complète, au point de vue du connubium, entre les Patriciens et les Plébéiens, — en dehors de la cité, il n'y a pas de mariage possible entre Romains et Latins. La loi Canuleia, de *connubio patrum et plebis* (309), avait mis fin à la prohibition arbitraire de mariage entre les Plébéiens et les Patriciens ; — ce n'est que, trois siècles plus tard, (664 ab urb.) que tombera la même prohibition entre Latins et citoyens Romains. — Mais jusque-là, que de ruines, et que de sang ! Il s'en faut de beaucoup que les desseins de Rome soient également servis par tous ses alliés. — Combattre pour un peuple qui, après la victoire, considère ses alliés comme des étrangers, et qui, pour prix de leur dévouement et de leurs sacrifices, leur accorde le jus commercii, en leur refusant le connubium et le suffragium ; — c'était là une condition intolérable, contre laquelle protestaient, les armes à la main, et avec des chances diverses, des territoires entiers ! On peut avoir une idée de l'acharnement que mettaient à la lutte les peuples dissidents ; — en lisant le discours qu'un chef sammite adressait à ses soldats ;

Eruendam, delendamque urbem ; — nunquàm defuturos raptores Italiæ libertatis lupos, nisi sylva in quam refugere solerent, esset exsisa. —

Eclairée sur les dangers d'une politique étroite, cruellement avertie par des défaites partielles, mais sanglantes, — Rome fit droit aux réclamations de ses alliés ; — c'est vers l'année 664 de Rome que deux lois, les lois Julia et Plautia, accordèrent à l'Italie le droit de cité. — Absolue, quant au connubium, qui venait s'ajouter au commercium, — il paraît que cette concession fut quelque temps contestée, au point de vue du jus suffragii. — Mais, sur ce point encore, les réclamations des Italiens ne tardèrent pas à être écoutées.

En dehors de l'Italie, Rome avait conquis successivement l'Afrique, l'Asie, la Grèce, l'Espagne, la Gaule. — Quelle était la condition des peuples soumis ? — C'est là que nous voyons apparaître les moyens multiples et habiles, à l'aide desquels le

vainqueur s'assimilait les vaincus. — Colonies latines, villes libres, municipes, préfectures, toutes ces dénominations, appliquées par les Romains aux territoires conquis, éveillent l'idée de situations juridiques différentes, sur lesquelles nous donnerons bientôt les détails que les textes des jurisconsultes ou des historiens romains nous fourniront. — Mais avant de quitter ces créations différentes de l'administration romaine, nous empruntons à Montesquieu quelques lignes de son admirable *Traité sur la grandeur et la décadence des Romains*, pour avoir une idée de l'esprit politique qui inspirait les Romains. — « Après la dé-
» faite d'Antiochus, les Romains étaient les maîtres
» de l'Afrique, de l'Asie et de la Grèce, *sans y avoir*
» *presque de villes en propre.* — ....
» Il semblait qu'ils ne conquissent que pour donner.
» .... Il fallait attendre que toutes les na-
» tions fussent accoutumées à obéir comme libres et
» comme alliées, avant de leur commander comme
» sujettes. » (1) —

Nous ne passerons pas à l'acte important par lequel l'empereur Caracalla marqua son règne si sombre à tant d'autres égards, — sans signaler, dès à présent, deux classes nouvelles d'étrangers, arbitrairement créées par le législateur romain. — Les Latins juniens, et les Dédilices sont des affranchis que les lois Junia Norbana (674 de Rome) et Ælia Sentia (757) avaient placés dans une condition inférieure, que nous déterminerons bientôt, en étudiant la condition de ces deux catégories de personnes. — A cette occasion, aussi, nous éclairerons le point de savoir si, comme nous le

(1) Montesquieu. Grandeur et décadence des Romains, ch. 6

pensons, il faut placer la loi Junia Norbana avant la loi Œlia Sentia. —

Arrivons à Caracalla, — et voyons s'il ne faut pas limiter à certaines personnes la concession que ce prince fit du droit de cité à tous les sujets de l'Empire. — Depuis Caracalla, — est-il vrai de dire qu'il n'y a plus de Pérégrins, — et que tous les sujets de l'Empire sont citoyens ? — On peut donner une formule, à laquelle les instituts de Justinien donnent pleinement raison : La concession de Caracalla ne s'adresse qu'aux Pérégrins d'origine, — et nullement à ceux qui le deviennent, par suite d'une condamnation pénale, ou d'un vice dans l'affranchissement. — Ainsi la constitution de Caracalla laisse, sans y toucher, dans leur condition de pérégrinité : 1° les déportés, 2° les Latins Juniens, 3° les Déditices. — Si la constitution de Caracalla avait supprimé les Latins Juniens et les Déditices, — pourquoi Justinien, dans une de ses *Quinquaginta decisiones*, se croirait-il obligé de consacrer de nouveau cette suppression ? — D'un autre côté, — l'empereur Caracalla n'a pas eu la prétention d'imposer ses volontés à ses successeurs, qui sont restés libres de déterminer la condition des peuples conquis par eux, comme ils le jugeront convenable, — de leur donner ou de leur refuser le connubium et le commercium, ces deux attributs du citoyen romain. — La constitution de Caracalla ne s'est occupée que du droit des personnes, — et nullement du droit des choses. — Nous pourrions tirer de cette formule une conséquence fort importante, en ce qui concerne le *Jus Italicum* ; — mais nous réservons cette question, pour le moment où nous établirons les droits que l'on peut avoir sur les choses. — Terminons notre rapide

appréciation sur la portée de la concession de Caracalla, — en disant, avec la plupart des auteurs et des
historiens, que ce prince n'a pas cédé à une idée géné-
reuse, en accordant le droit de cité à tous les sujets de
l'Empire, mais à la plus basse cupidité. — Il aug-
mente du double le droit du fisc sur les successions des
citoyens romains, et, en même temps, il proclame citoyens tous les sujets de l'Empire ! Plus il y aura de
citoyens, et plus il y aura de droits à percevoir sur les
successions. Comme nous sommes loin de la République
romaine ! Et comme le titre de citoyen a perdu de son
antique prestige, depuis cette époque où, pour l'obtenir, Latins et Italiens versèrent des torrents de
sang !

Déjà, avant Caracalla, les barbares, profitant de la
faiblesse des armées romaines, s'étaient établis sur
divers points de l'empire. On est loin de savoir quelle
était la condition juridique des barbares, dans leurs
relations avec les Romains. Il est probable que cette
condition était des plus mauvaises, à en juger par une
décision des empereurs qui punit de mort le Romain
qui aura épousé une femme barbare. —

Après cet aperçu très succinct de la condition des
étrangers, arrivons à déterminer quelle est précisément
cette condition. Voici dans quel ordre nous nous proposons de traiter les différentes parties de notre sujet :

1° Qu'entend-on par étranger, lato sensu? Combien
y a t-il de classes d'étrangers ? De quelle façon peut-on
devenir étranger, et comment un étranger peut-il devenir citoyen romain?

2° Quelle est la condition de l'étranger, au point de
vue des droits de famille, et de protection légale? —

3° Quels sont les moyens d'acquérir, par rapport

aux personnes (Peregrini) et aux choses étrangères (pradia provincialia)?

4° L'étranger peut-il contracter une obligation va-
able?

5° Quelle est la condition de l'étranger au point de vue de l'administration de la justice? —

6° Ne faut-il pas établir des catégories, même parmi les barbares?

I

Qu'entend-on par étranger? Combien y a t-il de classes d'étrangers? Comment devient-on étranger? De quelle manière un étranger devient-il citoyen romain? —

Est étranger lato sensu, quiconque n'est pas citoyen romain. — Le citoyen romain, optimo jure, jouit des précieux attributs du commercium et du connubium, — sur lesquels nous reviendrons bientôt. — Sans doute, on peut être citoyen sans avoir l'exercice plein et entier de ces droits, par suite de l'état de dépendance où l'on se trouve, dans la famille, par exemple. — L'étranger, lui, non seulement, il n'a pas l'exercice de ces droits, — mais il n'en a pas la jouissance. — Sa condition a beau varier dans sa famille naturelle; — membre subalterne dans cette famille, il a beau en devenir le chef; — son âge, sa raison, son expérience ont beau avoir atteint leur maturité : — à chaque degré, à chaque progrès de sa condition, — il restera, par rapport à la cité romaine, complètement exclu de toute participation, — jusqu'à ce qu'une décision du pouvoir lé-

gislatif, loi, plébiscite, sénatus-consulte, constitution,
lui ait donné les attributs, ou une partie des attributs
du citoyen. — Tel est, du moins, le droit primitif dans
toute sa rigueur. — Mais nous verrons, dans le cours
de ce travail, la rigueur primitive se détendre envers
les étrangers, à mesure que le titre de citoyen se
répand dans l'Italie ou dans les provinces, et que la
cité romaine n'est plus une ville, mais une partie du
monde connu. —

Notre définition de l'étranger est très large. — Est
étranger toute personne libre, qui n'a pas la cité romaine. — Mais, parmi les étrangers, le droit romain a
établi des catégories différentes et attaché à chacune
d'elles une condition que nous allons essayer de bien
définir. — Et d'abord, combien y a-t-il de classes
d'étrangers ? —

1° Nous avons vu, dans le court résumé historique
par lequel nous commençons notre travail, que, de
très bonne heure, Rome avait fait alliance avec les
peuples qui l'entouraient. — Ce que nous ignorons,
c'est la condition positive des *Latini veteres*. — Mais
on peut affirmer, ainsi que nous le disons plus bas,
que les Latins avaient, par rapport aux citoyens romains, — le commercium et tous ses attributs — Peu
à peu, le *jus Latii*, — ou le droit des Latins, — s'é-
tend, avec la conquête, à toute l'Italie, — jusqu'à ce
que, à la fin de la guerre sociale, les lois Julia et Plautia (664 ab urb.) aient accordé à tous les Italiens les
droits du citoyen romain. —

2° C'est à l'époque où il n'y a plus en Italie que des
citoyens, que M. Savigny fait remonter l'apparition des
Latins des colonies. — Pour bien comprendre les mots
(Latini coloniarii), il faut avoir soin de faire abstraction

de toute idée d'origine ou de domicile en Italie. — En Afrique, en Asie, en Espagne sont fondées des colonies latines, à la suite des conquêtes de Rome, dans ces divers pays. Sentinelles avancées de la puissance romaine, — ces colonies reçoivent, avec plus ou moins de différences, les droits des peuples de l'Italie pour les personnes (jus Latii), et les droits du sol Italique pour le territoire (jus Italicum). — Le moment n'est pas encore venu d'établir la différence importante qui sépare le jus Latii et le jus Italicum. —

3° Les provinces sont organisées, à la même époque, avec des conditions diverses. — Rarement le peuple romain, en imposant sa puissance, imposera des lois civiles. Plus souvent, suivant l'expression de Montesquieu « voulant accoutumer (les provinces) à obéir comme libres et comme alliées, avant de leur commander comme sujettes, » Rome respectera les lois et coutumes de ces provinces, — et reconnaîtra, dans les provinces, des villes libres, des municipia ; — quelques-uns auront une condition privilégiée, — par la concession qui leur est faite du jus Latii, — ou du jus Italicum. — Nous verrons, par la suite, de quelle importance pouvait être la concession du jus Italicum, — au point de vue de l'impôt (vectigal) qui frappait les provinces.

C'est surtout aux provinciaux que s'applique l'expression (Peregrinus). C'est le Peregrinus qui est le véritable étranger, — celui auquel nous ferons le plus souvent allusion, dans le cours de notre travail. — S'il est vrai, ainsi que nous venons de le dire, que les concessions du Jus Latii et du Jus Italicum fûssent inégalement réparties entre les provinces, — on conçoit que la condition des Peregrini sera très inégale, et que le guide le plus sûr pour la connaître sera le traité conclu, après la conquête, entre Rome et chaque province. — Quant à nous, qui n'avons presque pas de documents sur le sort différent qui était fait aux diverses contrées de l'Empire, — nous prendrons pour type de Pereginus celui qui n'a, dans ses rapports avec Rome, ni le connubium ni le commercium.

4° Entre les citoyens Romains et les Peregrins, proprement dits, on peut placer une catégorie de personnes, de création purement légale; nous voulons parler des Latins Juniens et des déditices. — Les premiers ont été créés par les lois Junia Norbana, et Ælia Sentia, — les seconds par la loi Ælia Sentia. — On est d'accord sur la date de la loi Ælia Sentia; elle fut rendue, sous Auguste, en 757 ab urb., et elle concourait, avec la loi Furia Caninia, rendue presque en même temps, à diminuer le nombre des affranchissements, et à relever le titre de citoyen, prodigué, à la fin de la République, à des gens indignes de le porter. — On n'est pas d'accord, au contraire, sur la date qu'il faut assigner à la loi Junia Norbana. — Certains auteurs la placent sous Tibère, — postérieurement à la loi Ælia Sentia. — M. Demangeat, de son côté, croit qu'elle est antérieure à cette dernière loi; — un texte de Dosithée semble bien donner raison à l'opinion de M. Demangeat : Lex Junia, dit ce texte, Latinorum genus introduxit. — Sans nous prononcer autrement entre ces deux opinions, — nous ferons observer que la loi Junia Norbana ne nous paraît pas vouloir atteindre le même but que la loi Ælia Sentia. — La première est favorable aux affranchis, qu'elle prend dans la situation équivoque où les réduit une interprétation trop étroite du droit civil, pour les élever à une condition plus favorable ; — l'autre, au contraire, transforme la condition de citoyen Romain, régulièrement acquise par l'affranchi, en la qualité inférieure des Latins Juniens.

De quelle manière devient-on Latin Junien ? — Il y a trois hypothèses, les deux premières, réglées par la loi Junia Norbana, — la troisième par la loi Ælia Sentia.

1° L'affranchissement d'un esclave a été fait, sans observer l'un des trois modes solennels d'affranchir qui sont : vindicta, census, testamentum. — Jure civili, l'affranchissement est nul, — et l'esclave peut de nouveau être réduit en servitude. Mais le prêteur intervenait, et suspendait les droits du maître jusqu'à l'époque de la mort de l'esclave. — La loi Junia Norbana a fixé la condition de l'esclave, irrégulièrement affranchi, et en a fait un Latin.

2° Avant la loi Junia Norbana, pour faire un affranchissement valable, il fallait être propriétaire de l'esclave, — *ex jure Quiritium.* — Le propriétaire in bonis (bien que ce genre de propriété lui assurât des avantages évidents, la puissance dominicale, notamment § 54. I. Gaius), ne pouvait affranchir son esclave. — La loi Junia Norbana est venue consacrer la volonté du maître in bonis ; — mais, pour ne point supprimer tout-à-fait l'antiquum jus Quiritium, — elle n'accorde à l'esclave, irrégulièrement affranchi jure civili, que la condition de Latin.

3° Enfin, — la loi Ælia Sentia, pour mettre un terme à l'abus fait du titre de citoyen, aux derniers temps de la République, — exige, pour que l'affranchissement soit valable, l'âge de 30 ans, à parte servi, — à moins d'une justa causa monumissionis (§ 39

Gaius I.) Si le servus est mineur de 30 ans, — et s'il n'y a pas justa causa manumissionis, l'esclave affranchi ne devient pas citoyen, mais seulement Latin Junien.

Nous aurons bientôt l'occasion de préciser la condition juridique des Latins Juniens ; — pour le moment, contentons-nous de les avoir compris dans l'énumération que nous faisons des étrangers, lato sensu. —

Passons aux affranchis déditices. — C'est là encore une création arbitraire de la loi Ælia Sentia. — Entraient dans cette catégorie les affranchis qui, avant l'affranchissement (quel que fût le mode employé, solennel, ou non) avaient été mis aux fers, ou marqués d'un fer rouge, ou avaient combattu contre les bêtes, dans les cirques. (§ 13. Gaius I.) Nous verrons bientôt que la condition de ces affranchis était des plus mauvaises. — Gaius § 14. I. nous donne l'origine de l'expression « dédititii » : Vocantur autem peregrini dedititii, qui quondam adversus populum romanum armis susceptis pugnaverunt, et deinde, ut victi sunt, se dediderunt. —

5° On peut encore ranger parmi les Peregrins, les citoyens romains qui ont perdu la cité, à la suite d'une condamnation à l'une de ces peines : (interdiction de l'eau et du feu, déportation dans une île, travaux publics).

6° Enfin, nous pouvons comprendre dans la catégorie des étrangers les barbares. Ce n'est pas que Rome leur reconnût une condition civile. — Pour le peuple romain, les barbares étaient, suivant l'expression de M. Ortolan « hors de la civilisation et de la géographie » p. 172. Histoire.

Maintenant que nous connaissons les différentes classes d'étrangers, — il importe de se demander de quelle façon on devient étranger. On peut indiquer en deux mots les sources de la Pérégrinité, en prenant cette expression dans un sens large : nascuntur aut fiunt Peregrini. — Nous avons déjà énuméré les circonstances qui, en dehors de la naissance, placent une personne dans la catégorie des étrangers (concession du Jus Latii, conquête d'une province, affranchissement fait conformément aux lois Ælia Sentia et Junia Norbona, condamnation à une peine infamante). — Voyons dans quelles circonstances on naît Peregrin. —

Un principe général doit nous guider ; il est écrit dans Ulpien. Règles tit. v. § 8 :

Connubio interveniente liberi semper patrem sequentur ; — non interveniente connubio, matris conditioni accedunt. — Ou, en d'autres termes, quand il y a mariage légitime, les enfants suivent la condition du père ; — dans le cas d'un mariage irrégulier, ils suivent la condition de la mère. — Faisons quelques applications de ce principe, à notre matière. —

1° Le connubium a lieu entre citoyens Romains ; — pas de difficultés, les enfants seront citoyens, pourvu que le père eût cette qualité, à l'époque de la conception. —

2° Le mariage a lieu entre un citoyen Romain et une Peregrina. Il n'y a pas de difficultés encore, et l'enfant sera Peregrin. —

3° Le mariage a lieu entre un Peregrin et une civis Romana. — Nous devrions décider, en appliquant notre principe, que l'enfant issu de ce mariage naîtra citoyen Romain. — Mais il paraît que, dans ce cas, une loi Mensia, — (dont on ne connaît pas la date) attribuait à l'enfant la condition de Peregrin : « Lex

» Mensia, dit Ulpien, ex alterutro peregrino na-
» tum *deterioris parentis* conditionem sequi jubet.
» § 8, tit. v.

4° Le mariage a lieu entre une Latine et un Peregrin. — Faut-il décider, d'après la loi Mensia, que
l'enfant *suivra deteriorem conditionem?* Non. —
Pour les Latins, les anciens principes subsistent, et,
dans l'espèce, il faudra décider que l'enfant naîtra Latin. § 81, Gaius I. Matris conditionem sequatur.

5° Un Latin qui a le connubium (ita si concessum
sit) a épousé une civis romana. — L'application rigoureuse des principes nous conduirait à décider que l'enfant issu de ce mariage naîtra Latin. Il paraît qu'un
sénatus-consulte, rendu sous Adrien, déclarait formellement que l'enfant serait citoyen romain. — Gaius, §
80. Ex senatus-consulto, auctore divo Hadriano, signi-
ficatur, ut omni modo ex Latino et cive romana natus
civis romanus nascatur.

6° Enfin, je suppose qu'une civis romana, mariée
justo matrimonio, soit faite Peregrina, pendant sa
grossesse, et accouche Peregrina. — Pour déterminer
la condition de l'enfant, il faut se reporter à l'époque de
la conception, et lui attribuer la qualité de citoyen romain que son père avait alors.

Nous savons maintenant dans quelles circonstances
on naît ou on devient Peregrin ou Latin. — Nous n'a-
vons pas encore épuisé toutes les questions intéressantes qui se rattachent au mariage des Latins ou des
Peregrins. — Pour procéder avec ordre, nous en ren-
voyons l'état au paragraphe que nous intitulons : Droits
de famille. — Avant de passer à ce paragraphe, nous
avons à dire comment les Latins et les Peregrins pouvaient acquérir la cité romaine.

Il faut avoir bien soin de séparer nettement les Latins et les Peregrins proprement dits. — Autant il est
facile aux uns d'arriver à la cité romaine, autant les
Romains se montrent, envers les autres, avares de
leurs droits. Ecartons d'abord une classe de Peregrins,
la classe des Dédicites, — pour lesquels il n'y a aucun
moyen d'obtenir le droit de cité. — Gaius I, § 68.
Nisi quod scilicet, qui dedititiorum numero est, *in suâ
conditione permanet*.

Quant aux simples Peregrins, ils ne peuvent arriver
à la cité qu'en vertu d'une concession formelle, émа-
nant du peuple, sous la République, du Prince ou du
Sénat, sous l'Empire. — D'ailleurs, la concession peut
être personnelle ou générale, — en faveur d'une personne ou d'une province.

Pour les Latins, Gaius, § 28-34, C. I, et Ulpien
(Règles, tit. III) nous indiquent les moyens nombreux
à l'aide desquels ils peuvent obtenir les précieux attributs du citoyen romain. — Passons en revue quelques-
uns de ces moyens d'arriver à la cité :

1° Le Latin a exercé une magistrature.

2° Beneficium principale. — Le Latin obtient de
l'Empereur la qualité de citoyen ; — nous verrons plus
tard si les droits du patron peuvent survivre à cette
concession du droit de cité.

3° Iteratione. — Cela suppose un double affranchissement. — Supposons que le manumissor n'a sur l'esclave que la propriété imparfaite, l'in bonis. La loi
Junia Norbana décidait, en pareil cas, que l'esclave
affranchi serait Latin. — Plus tard, le manumissor a
obtenu le jus Quiritium, la propriété parfaite, — et il
persiste à faire de son esclave un citoyen romain, —
en l'affranchissant une seconde fois. — Un senatus-

consulte décide que l'esclave, affranchi Latin, deviendra citoyen romain.

4° Militiâ. — Une loi Visellia décidait que le Latin qui aurait servi pendant six ans *inter vigiles Romæ*, serait citoyen romain. — Ulpien nous assure que ce délai avait été réduit de moitié par un sénatus-consulte.

5° Nave. — Le droit de cité est acquis au Latin qui aura construit un navire contenant *decem millium modorum*, et porté du blé à Rome pendant six ans. —

6° Ædificio et pistrino. — Devient également citoyen romain, le Latin qui aura construit à Rome une maison, ou y aura établi une boulangerie. — Il paraît bien, d'après le texte de Gaius, qu'il fallait dépenser une certaine somme à la construction de la maison : — mais, malheureusement, le texte offre des lacunes, que nous ne pouvons combler. — § 33 et 34. I. Gaius. —

7° Ter enixa. — La femme Latine qui avait trois enfants, était admise par un sénatus-consulte à réclamer le droit de cité. — Les commentateurs du droit romain sont divisés sur le point de savoir s'il faut lire dans le texte de Ulpien, vulgo ter enixa, — ou mulier ter enixa. — On conçoit que c'est encourager à l'inconduite, — que de récompenser la femme, vulgo ter enixa.

8° Causæ probatio. — Erroris causæ probatio. — Il importe d'insister sur ces deux moyens offerts aux Latins et aux Peregrins d'arriver à la cité romaine, — et d'établir nettement la différence qui sépare ces deux institutions, dans leur forme, leur application et leurs effets. —

Causæ probatio. — La causæ probatio suppose le mariage contracté par un Latin soit avec une civis Romana, soit avec une Latina, en présence de sept témoins, pubères et citoyens romains, — dans le but d'avoir des enfants, — et en dernier lieu la naissance d'un enfant. — Quand l'enfant, issu du mariage, aura atteint l'âge d'un an (anniculus), le Latin pourra se présenter devant le Préteur, ou devant le Président de la province, et prouver devant lui *se ex Lege Sentiâ uxorem duxisse* liberorum causâ. — Ulpien dit à peu près la même chose : — *liberorum quærendorum causâ.* (Tit. III. § 3.) (§ 29. I. Gaius.) Cette preuve une fois faite, le magistrat reconnaîtra les droits de cité au Latin, à sa femme et à l'enfant issu du mariage. — Il paraît que la loi Ælia Sentia, qui a créé la causæ probatio, ne s'appliquait dans le principe qu'à l'affranchi Latin, mineur de trente ans ; — mais Gaius nous apprend qu'un sénatus-consulte, rendu sous Vespasien, étendit l'application de la loi Ælia Sentia à tous les affranchis Latins. —

Erroris causæ probatio. — Plusieurs situations peuvent se présenter. — Gaius consacre à les résoudre un certain nombre de paragraphes (67-78. I.), parmi lequel nous constatons de regrettables lacunes. — Une idée générale domine cette matière : l'erroris causæ probatio suppose un mariage contracté per ignorantiam, c'est-à-dire dans l'ignorance où étaient les personnes intéressées de leur condition respective. — Ainsi, un Latin, croyant épouser une civis Romana, ou bien une Latina, dans l'espoir de profiter de la loi Ælia Sentia, — a épousé une Peregrine. — Ou bien, c'est une civis Romana qui, croyant épouser un civis Romanus, et contracter un justum matrimonium, a

épousé un Peregrinus. — Dans ces deux cas, — il
est bien clair que l'intention des parties était de contracter un mariage attributif, indirectement ou direc-
tement, des droits de cité pour les époux et pour l'enfant. — Il ne faut pas que leur attente soit trompée,
et que la loi elle-même, dans une interprétation trop
étroite, fasse du mariage, sur l'irrégularité duquel
les époux sont tardivement éclairés, un joug d'autant
plus lourd qu'il n'a pas été librement accepté. —
Aussi, un sénatus-consulte, dont Gaius n'indique ni
le nom ni la date, permet-il de prouver l'erreur (causam erroris probare), — et, cette preuve une fois
fournie, de réclamer les droits de cité, en faveur des
époux, et de l'enfant issu du mariage. — Remarquons
le bien, dans la probatio erroris causæ, comme dans
la causæ probatio, la validité de la réclamation est subordonnée à la naissance d'un enfant, issu du mariage. — La différence dans les deux cas consiste en
ce que, dans notre hypothèse, peu importe l'âge de
l'enfant, *(nihil interest cujus ætatis filius sive filia
sit)* — tandis que, dans la causæ probatio, il importe,
pour la validité de la demande, que l'enfant ait atteint
l'âge d'un an. —

Nous le répétons, l'erroris causæ probatis suppose
la bonne foi des époux, — l'ignorance où ils sont de
leur condition respective; — tandis que, dans la causæ
probatio, les deux époux savent parfaitement quelle
est la condition de chacun; — ce qui leur assure la protection de la loi, c'est leur intention, réalisée, d'avoir
des enfants (uxorem duxisse liberorum causâ).

Dans les deux cas, — il y a parfaite acquisition de
la cité à l'époux, Latin ou Peregrin, et à l'enfant issu
du mariage. — Nous avons dû noter cette conséquence

importante, — dans la partie de notre travail, où nous recherchons de quelle manière le Peregrin ou le Latin deviennent citoyens. — Nous retrouverons bientôt la causæ probatio, et la probatio erroris causæ, — en nous occupant de la puissance personnelle.

II.

Droit de famille et de protection légale.

Nous savons que les deux attributs du citoyen romain, sont le connubium et le commercium. — Dans l'origine, les citoyens romains seuls jouissent du connubium et du commercium. — Peu à peu, les conquêtes de Rome, établissant, entre les vainqueurs et les vaincus, des relations nombreuses, ont dû faire plier la rigueur primitive, — et entraîner des concessions plus ou moins larges du droit de cité. — Mais, remarquons-le bien, si le peuple romain a distribué assez largement le commercium, c'est-à-dire le droit de faire des contrats, des transactions valables, — il s'est montré fort avare du connubium. Rappelons-nous, seulement, la lutte, longue et sanglante, qui arma, sous la République, les peuples de l'Italie contre la puissance romaine, pour la conquête, enfin réalisée, du jus civitatis, du connubium, qui venait s'ajouter au commercium ! —

En quoi consistait donc le connubium, que les Romains avaient si longtemps gardé, pour eux seuls, comme un privilége sacré ? — Le connubium, — c'était le droit de contracter de justes noces (justæ nuptiæ), — desquelles découlaient des attributs précieux : la puissance paternelle, et l'agnatio. — La puissance paternelle ! c'est-à-dire l'unité de culte, de patrimoine, et d'action ! Véritable aristocratie où le chef commande en maître, et où les actions des sujets remontent toutes jusqu'au souverain, pour lui en attribuer tous les avantages. — L'agnatio ! c'est-à-dire la parenté civile, création arbitraire, établissant entre certaines personnes des rapports de famille, que les liens du sang ne sauraient remplacer, faisant de la mère la sœur de son fils (loco sororis) déterminant les règles de la succession ab intestat ; — enfin, formant un système harmonieux, dont les parties différentes ne violent jamais les lois de la logique, bien que violant souvent les lois de la nature !

Sans nous étendre plus longtemps sur le fondement de la famille civile, en Droit romain, nous citerons un texte de Gaius, qui montre bien le caractère exclusif de cette institution : § 55, I Gaius : « Quod jus proprium civium romanorum est ; feré enim nulli alii » sunt homines qui talem in filios suos habent poses- » tatem, qualem nos habemus. »

Et d'un autre côté, nous lisons aux inst. de Justinien, titre X. Principium : Justas autem nuptias inter se cives romani contrahunt. —

Ces deux textes suffisent pour nous montrer que les étrangers (Latins ou Peregrins) ne peuvent, par rapport au jus civile, contracter un mariage valable, ni avoir sur les enfants le droit de puissance paternelle. — Mais, les jurisconsultes romains nous apprennent que le connubium leur était quelquefois accordé. — Cette concession emportait avec elle la patria posestas, l'agnatio, — avec les conséquences ordinaires de ces deux attributs importants. —

Occupons-nous de l'étranger, qui n'a pas reçu le connubium, — et voyons si l'union contractée par lui ne peut produire aucun effet, en dehors de la puissance paternelle et de l'agnation. —

Et d'abord, mettons de côté le cas d'un mariage contracté par un Peregrin, sous l'empire des lois de la cité, à laquelle il appartient. — Il est bien certain que a cité, à laquelle les vainqueurs ont laissé ses lois et ses institutions, a le droit d'organiser le mariage et les autres actes de la vie civile, — dans les limites de sa compétence personnelle et territoriale. —

Il n'y a pas de doute sur la validité d'un mariage, contracté dans ces conditions. — Mais si, en dehors de la cité, un Peregrin a épousé une civis Romana, ou une Latine, quel sera le sort, quelles seront les conséquences de cette union ? —

En un mot, y a-t-il un mariage de droit des gens, reconnu par le Droit romain ? — Oui, assurément. — S'il ne fallait qu'invoquer l'opinion de jurisconsultes recommandables, — nous pourrions citer les noms de Savigny, et de MM. Labbé et Accarias. — Mais, d'un autre côté, s'il faut citer des textes, nous citerons les inst. de Gaius. § 29-34, et § 66-77. I. Dans ces textes, il est question de la causæ probatio, et de l'erroris causæ probatio ; — il s'y agit de faire produire un effet civil à un mariage contracté, en dehors du droit civil ; entre personnes qui n'ont pas le connubium. — Si un mariage, contracté par des personnes incapables de se marier jure civili, peut produire quelque effet, — il est impossible de dire que ce mariage soit nul. — Quod nullum est, nullum producit effectum. — Mais, comme ce mariage ne produit pas ab initio tous les effets civils des justæ nuptiæ, — on peut dire avec raison que c'est un mariage imparfait. — Puisque le mariage du droit des gens est un fait incontestable, est-il possible d'en déterminer les conditions et les caractères propres, — en dehors de la causæ probatio, et de l'erroris causæ probatio ? — C'est là que commencent les difficultés. — Nous n'aurons garde de pénétrer trop en avant dans une matière où tant de jurisconsultes estimables ne marchent qu'en tâtonnant. — Aussi, nous contenterons-nous d'indiquer les seuls effets du mariage du droit des gens que les textes nous semblent relater. 1° Le devoir de fidélité s'impose aux époux, secundum jus gentium, comme aux époux, jure civili. Lex (julia de adulteriis) *ad omnia matrimonia* pertinet. (Loi 13, § 1er Liv. 48, tit. V. D). 2° L'enfant issu du mariage suivra la condition de sa mère, — à moins que, le mariage étant contracté entre un Peregrin et une Civis Romana, la loi Mensia n'impose à l'enfant deteriorem conditionem, la condition de Peregrin. — 2° Puisque les Latins pouvaient être tuteurs, il est probable qu'ils pouvaient, pour se dispenser de la tutelle, invoquer le ius liberorum. 4° Le mariage du droit des gens établit entre l'enfant et ses père et mère des rapports de cognation. — On peut tirer parti, dans le sens de notre opinion, d'un texte de Gaius Ad Edictum Provinciale, — dans lequel il est dit : Proconsul naturali æquitate motus omnibus cognatis promitit bonorum posses-sionem, — *quos sanguinis ratio vocat ad heredi-tatem*, licet jure civili deficiant. — D'un autre côté, on peut raisonner par a fortiori du § 4 Inst. Tit. V. Liv. 3, — où l'Empereur Justinien écrit : Vulgò quæsitos nul-lum habere adgnatum manifestum est.............. *tantum igitur cognati sunt sibi.*

Nous bornerons là notre énumération des effets probables du mariage, secundùm jus gentium. — Beaucoup de points importants de cette institution restent encore dans l'ombre, — notamment les effets de la puissance paternelle sur les biens ou sur la personne de l'enfant. — Tout en regrettant de n'avoir apporté dans la discussion aucun document nouveau, nous passerons aux effets que peut produire le mariage du droit des gens, — au point de vue de la législation romaine. —

Sans parler des quelques effets connus de nous produits par le mariage lui-même, d'après le droit des gens, — et que le droit civil a dû consacrer, — nous affirmons que le droit civil offrait aux époux dont l'union était irrégulière, les moyens de lui attribuer la valeur et les attributs d'un justum matrimonium. —

Nous savons, par les explications que nous avons données plus haut de la causœ probatis, et de l'erroris causœ probatio, que le mariage du droit des gens pouvait, à l'aide de ces deux institutions, être transformé en mariage civil, en un justum matrimonium. A cet égard, nous avons déjà tiré des conséquences importantes de la transformation du mariage imperfectum en mariage perfectum : nous avons affirmé, avec Gaius, que la première conséquence était de faire acquérir la cité romaine aux époux, et aux enfants nés du mariage, — à moins que la condition de deditice ne fît obstacle à la concession de cette faveur. — Nisi quod silicet qui dedititiorum numero est, in suâ conditione permanet. —

Arrivons à une autre question. La transformation du mariage du droit des gens en mariage civil a-t-elle l'effet de donner au père de famille la puissance pater-

nelle sur ses enfants ? — Pour résoudre cette question,
il faut distinguer selon que le pater est Latin ou Peregrin. Pour le Latin, Gaius dit formellement : causâ
probatâ , Romanam civitatem consequitur, simul ergo
eum (filium) in potestate suâ habere incipit. Ainsi ,
pour le Latin, l'acquisition de la cité et de la puissance
paternelle sont deux effets immédiats et simultanés de
la causæ probatio. — Pour le Peregrin, le § 93, I. de
Gaius nous apprend qu'un édit de l'empereur Adrien
avait décidé que l'intervention du prince serait nécessaire, pour donner au Peregrin la puissance paternelle sur ses enfants, devenus citoyens avec lui. —
Non aliter filii in potestate ejus fiunt , quàm si impe-
rator eos in potestatem redegerit. — Cette double décision pour le Latin et pour le Peregrin me paraît être
un souvenir de la vieille politique de Rome, bienveillante et portée aux concessions pour les uns , — rigoureuse et exclusive pour les autres ! —

Une fois la puissance paternelle acquise ou concédée
au Latin ou au Peregrin, — cette puissance paternelle
va-t-elle avoir un effet rétroactif? — Non, assurément. — M. Labbé en fait la juste remarque à son
cours, en se fondant sur le § 67 de Gaius I : Ex eo
tempore incipit filius in potestate patris esse. — Il
est probable que cette décision de Gaius devait être fé-
conde en conséquences importantes, au sujet des biens
que le filius avait en propre ; ante quàm in patriam
potestatem fuisset redactus. — Mais , ici encore ,
comme en bien d'autres points, nous ne pouvons faire
que des suppositions ; — qu'aucun texte ne vient confirmer.

Enfin, la transformation du mariage du droit des
gens en mariage civil fait naître , avec la puissance

paternelle, les rapports d'agnation entre le père et les enfants, ainsi que les droits et devoirs qui en découlent. —

En dehors de la causæ probatio, et de l'erroris causæ probatio, — les Latins et les Peregrins proprement dits étaient dans une condition égale. — Les uns et les autres, en principe, n'avaient ni le connubium, ni la puissance paternelle, ni l'agnatio.

S'ils n'avaient pas le pouvoir, à l'aide d'un justum matrimonium, — d'acquérir la puissance paternelle et les droits de la famille civile, — encore moins pouvaient-ils atteindre le même résultat par le moyen arbitraire de l'adoption, — exclusivement réservé aux citoyens Romains. —

Arrivons à une partie vraiment importante de notre paragraphe. — Quelle est la condition du Latin et du Peregrin, au point de vue de la tutelle? — Disons, tout d'abord, que la condition du Latin ne ressemble pas à celle du Peregrin proprement dit. — Egalement exclus du connubum, — ils ont ici, au contraire, une condition inégale. — Tandis que le Peregrin est entièrement exclu de la tutelle, — le Latin peut être nommé tuteur ou recevoir un tuteur, sous les conditions que nous déterminerons plus tard. —

On pourrait croire, cependant, par quelques textes de Gaïus, que le Peregrin peut être tuteur ou recevoir un tuteur, juré civili. — En effet, Gaïus (C. I, § 189) nous parle de la tutelle, comme d'une institution du droit des Gens : *Id, naturali rationi conveniens est, ut is qui perfectæ ætatis non sit, alterius tutelâ regatur.* — Faut-il conclure de ce texte que la tutelle, à raison du caractère que Gaïus lui assigne, soit un droit ouvert à l'étranger; — et que le préteur, interprète

fidèle dès besoins généraux, ait fait à l'étranger une
extension semblable à celles que nous trouverons dans
les autres parties de l'ouvrage? — Il ne faut pas aller
si loin. — Le § 189 de Gaius, d'ailleurs, se trouve
combattu par le § I des Inst. Tit. XIII, — où il est
dit, à propos de la tutelle, qu'elle est une institution
Jure civili data ac permissa. — Il me semble que ces
mots « *Jure civili* » répondent victorieusement aux
expressions de Gaius « *naturali rationi conveniens
est.* » — Mais ce n'est là qu'un raisonnement fondé
sur des mots. — Allons plus loin. — N'est-il pas possible que le droit civil ait organisé, pour l'usage exclusif des cives Romani, une institution conforme,
d'ailleurs, à la raison naturelle et adoptée par tous les
peuples civilisés? — Oui, la raison s'offenserait qu'un
enfant fût laissé sans protecteur. — Oui, l'idée de la
tutelle est tellement dans les mœurs des peuples que
Gaius peut nous dire (§ 189) : « Nec fere ulla civitas
» est, in quâ non licet parentibus liberis suis impube-
» ribus testamento tutorem dare. » — Mais, répon-
drons-nous, le mariage, lui aussi, est une institution
du droit des gens! Cela a-t-il empêché les Romains
de réserver le connubium aux citoyens romains seuls,
à l'exclusion des Peregrini? — Eh bien! ce qui s'est
passé pour le mariage, se passe encore pour la tutelle. —

D'ailleurs, ce qui, d'après moi, doit faire disparaître
toute hésitation, c'est le texte de Justinien, dans lequel l'Empereur recherche de quelle façon finit la tutelle. — Le § 4, tit. XXII. I nous dit formellement : Capitis deminutione tutoris, per quam libertas vel civitas
ejus amittitur, omnis tutela perit. — Le texte nous dit
absolument la même chose, à parte pupilli. — Eh bien!

si le tuteur et le pupille, devenus étrangers, ne peuvent ni gérer une tutelle, ni y être soumis, — c'est que l'étranger lui-même est absolument dans cette condition, par rapport au Jus civile. —

Constatons, avant d'aborder un autre point, que la législation romaine n'a pas montré, en cette matière, toute la sollicitude dont elle nous a donné des preuves en matière de mariage. — Là, en effet, nous avons vu le législateur romain, justement préoccupé de l'importance de ce contrat, le régler et l'organiser, sous différentes formes. — A côté du mariage civil, nous l'avons vu donner une place au mariage du droit des gens. — Ici, au contraire, malgré les principes qu'il a inscrits en tête de ses lois, malgré le caractère d'institution naturelle et nécessaire qu'il reconnaît à la tutelle, — il l'organise pour les citoyens romains et quelques contrées ou personnes privilégiées, — laissant sans appui, au cœur même de la cité, les Peregrins dont l'âge réclame un protecteur !

Nous avons annoncé que, parmi les étrangers, il y avait, au point de vue de la tutelle, des catégories de personnes privilégiées. —

Les Latins, en général, bien qu'il n'aient pas le connubium, ont cependant le droit d'être tuteurs, ou d'être mis en tutelle. — Occupons-nous d'abord de la tutelle des Latins, au point de vue actif. —

Le droit d'être tuteur par testament appartient-il au Latin ? — Nous devrions répondre affirmativement, — si nous suivions les principes ordinaires ; — car le Latin ayant le commercium, a, par conséquent, la factio testamenti, qui est un attribut du commercium. — Mais ces principes ont été abandonnés, en ce qui concerne le Latin Junien, par la loi Junia elle-même, ainsi que nous l'apprend Ulpien. § 16. — Tit. XI. De tutelis. — Id enim lex junia prohibet. — M. Labbé ne croit pas que cette disposition de la loi Junia doive être étendue aux Latins Coloniaires; — quant à eux, — l'honorable professeur est persuadé qu'ils peuvent toujours être nommés tuteurs par testament.

Il ne peut pas être question, pour les Latins en général, d'exercer la tutelle, comme agnats, — car, n'ayant pas le connubium, ils ne peuvent pas avoir l'agnatio, et, avec elle, le doit d'être tuteurs à ce titre. — Mais comme on leur reconnaît le commercium, — rien n'empêche qu'ils exercent, le cas échéant, la tutelle légitime du patron. —

Enfin, il est hors de doute que le Latin pouvait être nommé tuteur, — d'après les lois Atilia, Julia et Titia.

Si nous considérons le Latin, au point de vue passif, — il faut encore distinguer entre le Latin proprement dit et le Latin Junien. — Les textes sont muets sur la condition du Latin. — Il est bien certain qu'il ne pouvait être soumis ni à la tutelle testamentaire, puisque son père n'avait pas sur lui le droit de puissance paternelle (Dari testamento tutores possunt liberis qui in potestate sunt § 15, tit. XI Ulpien,) ni à la tutelle légitime des agnats, puisqu'il n'avait pas d'agnats. — Mais, pouvait-il, au moins, recevoir un tuteur Atilien, ou Julio Titien? — C'est assez probable; — cependant, nous ne connaissons pas de texte qui confirme notre supposition. —

Quant au Latin Junien, n'ayant ni agnats, pour être soumis à leur tutelle légitime, ni pater familias, pour être soumis à la tutelle testamentaire, — il se trouvait, d'après la loi Junia, sous la tutelle légitime du patron, ou des enfants du patron. — C'est, à l'imitation de la tutelle des agnats, créée par la loi des XII Tables, — que l'usage a introduit la tutelle légitime du patron et de ses enfants, — usage fondé sur cette idée, que la charge de la tutelle doit grever celui qui profitera des avantages de la succession : ubi successionis est emolumentum, ibi et tutelæ onus esse debet. — En effet, d'après ce que nous verrons bientôt, — les biens de l'affranchi Latin reviennent, à sa mort, au patron ou à la succession du patron. — Cependant, il est bon de noter un cas où le Latin Junien sera soumis à la tutelle d'une personne qui n'a aucun droit à ses biens, — Ainsi, quand, la propriété de l'esclave étant divisée avant l'affranchissement, — c'est le maître in bonis qui est l'auteur de l'affranchissement, — sans doute l'esclave va devenir Latin Junien ; — et, s'il est impubère, il va être soumis à la tutelle. — Mais lequel des deux maîtres sera tuteur ? — Ce sera le maître qui a le nudum Jus Quiritium. § 167 Gaius I. Ita lege Juniâ cavetur. —

Ce n'est pas sortir de notre sujet que de dire quelques mots de la succession des affranchis Latins Juniens. — Puisque l'idée de tutelle appelle l'idée de succession, en notre matière du moins, — passons rapidement en revue les principales règles de la succession des Latins Juniens. —

Le principe est contenu dans le § 56, in fine, de Gaius C. III. Jure quodammodo peculii bona latinorum ad manumissores eorum pertinent. — La loi Junia Norbana ne laissait à l'affranchi Latin qu'une liberté imparfaite ; — car, si l'affranchi vivait libre, il mourait esclave : ipso ultimo spiritu simul animam et libertatem amittebant, et, quasi servorum, ità bona eo-

rum, jure quodammodo peculii, ex lege juniâ manumissores detinebant § 4. Iust. liv. 3. tit. VII.

Si l'affranchi Latin mourait esclave, il n'avait pas de
succession, comme l'affranchi ordinaire. — Ses biens
formaient une espèce de pécule (jure quodamnodo peculii), qui venait grossir les biens du manumissor.
Nous avons déjà fait observer que, dans un cas fort remarquable, ce n'est pas le maître ex jure Quiritium,
mais le maître in bonis, qui profitera des biens de l'affranchi Latin, bien que le premier ait la tutelle légitime. — Revenant à la succession, ou plutôt au pécule
de l'affranchi Latin, — nous remarquons que, dans le
principe, les enfants du manumissor n'étaient appelés,
à son défaut, — qu'autant qu'ils n'avaient pas été exhérédés ;—§ 58, Gaius, C. III, ad liberos manumissoris
exheredatos non pertinent. — Ainsi, l'enfant du patron n'avait pas de droit propre sur l'espèce de pécule
laissé par l'affranchi Latin. — Mais un sénatus-consulte Largien, rendu sous le règne de Claude, décida
que les héritiers externes du patron seraient primés par
les enfants du patron qui n'auraient pas été exhérédés
nominativement. A ce sujet, malgré l'opinion de
Pegasus, — Gaius décide que, sur les biens de l'affranchi ordinaire, la condition des enfants du patron
est meilleure que sur les biens du Latin Junien. —
Dans le premier cas, en effet, les enfants ayant un droit
propre, l'exhérédation, dont ils sont frappés, ne peut
leur nuire, en ce qui concerne la succession de l'affranchi ; — tandis que, dans le second cas, l'exhérédation nominative, en les écartant de la succession de
leur père, leur enlève tout droit sur le pécule du Latin
Junien. — Peu importe, d'ailleurs, que l'enfant du patron manumissor soit un filius ou une filia : — l'un et

l'autre doivent être exhérédés nominatim, pour être écartés des biens du Latin Junien, § 66, III, Gaius : nisi nominatim a parente fuerint exheredati, potiores erunt extraneis heredibus.

Le sénatus-consulte Largien avait protégé les droits des enfants du patron. — Mais il avait laissé vivre la règle ancienne et rigoureuse, d'après laquelle le Latin Junien vit libre, et meurt esclave. — Telle était l'influence de ces idées, que, si le Latin Junien, avait obtenu le droit de cité d'une faveur impériale, malgré le patron, ou même à son insu, — tous les droits du patron étaient réservés, à la mort de l'affranchi devenu citoyen romain. — Voilà donc un citoyen romain qui, ayant le connubium, des liberi justi, — ne peut cependant pas avoir ses enfants pour héritiers ! On lui laisse bien le droit de faire un testament, mais à la condition qu'il instituera son patron, *uti patronum heredem instituat.* Un sénatus-consulte d'Adrien mit fin à cette condition précaire d'un citoyen romain. L'Empereur ne supprima pas absolument le Droit ancien, mais il offrit à l'affranchi, devenu citoyen romain, un moyen de l'éluder. — S'il est marié, et que de son mariage soit né un enfant, âgé d'un an à l'époque de sa demande, qu'il se présente devant le magistrat, ut causam probet; —causâ probatâ, les attributs du citoyen romain, connubium, agnatio, puissance paternelle, droits de succession légitime, tous lui seront acquis désormais.

Bien que nous n'ayons rien à dire sur la tutelle des Peregrins deditices, — qui nous en est complètement inconnue, — et que nous ne puissions pas rattacher à la tutelle la succession éventuelle au profit du manumissor, — ainsi que nous l'avons fait pour le Latin Junien, — cependant nous dirons ici quelques mots de la dévolution des biens de l'affranchi deditice , à son décès. D'après Gaius , § 74 , 76, C. III, il faut distinguer selon que le mode d'affranchissement employé pour l'esclave en eût fait un citoyen romain , ou au contraire, un Latin , — *si in aliquo vitio non esset.* Ainsi, pour le premier cas , le dominus ex jure Quiritium a affranchi, vindictâ, un esclave vitiosus, majeur de 30 ans.—Pour le second cas, la personne qui a l'esclave in bonis tantùm , l'a affranchi par un mode régulier. — Dans le premier cas , l'esclave , s'il n'était pas vitiosus, serait citoyen romain ; et dans le second, il serait Latin Junien. — Appliquons maintenant la règle de Gaius. — Les biens de l'affranchi deditice , dans le premier cas , seront dévolus, à son décès, comme ceux de l'affranchi citoyen romain ; — dans le second cas , ils le seront, comme ceux du Latin Junien. — Et le texte de Gaius ajoute une observation importante, qui n'est qu'une application des principes généraux : c'est que le Déditice se sépare des autres affranchis , — en ce qu'il ne peut pas faire de testament : id incredibile videbatur, pessimæ conditionis hominibus ..... so legislatorem testamenti faciundi jus concede..g. —

Ferm.. is la parenthèse que nous avons ouverte, — à l'occasion des droits de succession du patron et des biens de l'affranchi , — et revenons à la condition des Peregrins en général , au point de vue des protections que leur donne le législateur romain. —

Nous avons parlé de la tutelle ; disons quelques mots de la curatelle, dans ses applications aux Peregrins. — Quant au Peregrin proprement dit, nous répéterons ce que nous avons dit , au sujet de la tutelle ; il ne peut pas recevoir de protecteur créé par la

3

loi civile ; — la curatelle n'est pas faite pour lui. —
Quant au Latin, nous déciderons qu'il peut être curateur. — Les causes d'excuses pour la tutelle et pour
la curatelle étant les mêmes, — et, d'un autre côté,
le Latin pouvant se faire excuser de la tutelle, il en
résulte immédiatement qu'il peut se faire excuser de la
curatelle, et, médiatement, qu'il peut être curateur.
— A la question de savoir si le Latin peut être soumis
à la curatelle, — et à quelle curatelle il est soumis,
nous répondrons : 1° Il paraît raisonnable de supposer que le Latin qui, étant capable, peut être chargé
d'une curatelle, — peut, à son tour, quand il est incapable, être protégé par un curateur. — 2° Nous ne
pensons pas qu'il y ait, pour le Latin Junien,
une curatelle légitime, comme il y a une tutelle légitime. — Nous ne croyons pas que l'on ait étendu à la
curatelle les idées que nous avons relevées, en étudiant la tutelle légitime. — D'ailleurs, remarquons-le
bien, pour appliquer au Latin Junien la tutelle légitime, — il eût fallu sortir des termes de la loi des
XII Tables. — En effet, la loi donnait aux agnats la
curatelle des incapables (furiosus et prodigus) qui
avaient reçu une succession ab intestat, de leur père.
— Or, en supposant que le patron et ses enfants
servent d'agnats à l'affranchi Latin Junien, — il n'est
pas possible de supposer un Latin Junien recevant
une succession ab intestat de son père, puisqu'il n'a
pas de père, jure civili, et que le droit pur ne consacre pas les rapports de cognation.

Le latin Junien est, par conséquent, en dehors de
la curatelle légitime. — Il pourra, sans doute, recevoir un curateur ; — mais il lui sera donné par le préteur, à Rome, ou par le président, en province.

Dans cette première partie de notre travail, — nous avons eu à résoudre des problèmes nombreux et importants. — Presque tous ont pu être groupés autour de ces notions, qui nous ont guidé sans cesse dans nos recherches, — le connubium et le commercium. — C'est surtout la notion du connubium qui est venue souvent dans la discussion. En effet, chaque fois que nous avons eu à parler de justes voces, de puissance paternelle, d'agnation, d'hérédité ab intestat, l'idée du connubium s'est toujours présentée à nous comme séparant nettement les droits du citoyen Romain et les droits des Peregrins. Cependant, déjà dans cette partie, nous avons vu apparaître, en dehors de l'idée trop étroite du connubium, la notion large du droit des gens. — N'est-ce pas, sous l'empire du droit des gens que le droit civil a reconnu et consacré l'union des Romains et des Peregrins? — Eh bien! c'est la notion du droit des gens que nous allons voir, dans les parties suivantes, se développer peu à peu, avec les progrès de la civilisation, et absorber en définitive l'antiquum jus Quiritium, au sujet duquel l'empereur Justinien écrira plus tard : vacuum est et superfluum verbum, per quod animi juvenum, qui ad primam legum veniunt audientiam, perterriti manent. Expression vide de sens, faite tout au plus pour rebuter l'esprit des jeunes gens qui commencent leurs études de droit !

III.

Des moyens d'acquérir la propriété, par rapport
aux personnes et aux choses étrangères.

La propriété est le droit réel le plus étendu que l'on
puisse avoir sur une chose. Trois éléments constituent
le droit de propriété, 1° le jus utendi, 2° le jus fruendi,
3° le jus abutendi. — En détachant de la propriété,
soit le jus utendi, soit le jus fruendi, — le propriétaire
donnera naissance à de nouveaux droits réels, moins
étendus, que l'on nommera, selon le cas, servitudes
réelles, usufruit, hypothèque, etc., etc.

De quelle manière ces divers droits peuvent-ils
naître au profit d'un Peregrinus, ou sur une chose
d'origine Peregrine? — Tel est le double objet que nous
nous proposons d'envisager, dans cette seconde partie. —

Nous ne voulons pas insister sur les moyens originaires d'acquérir la propriété des res nullius. — Et
nous nous contentons d'affirmer, en faveur du Peregrin, le droit d'être propriétaire, au moyen de l'occupation, des res nullius, dont nous trouvons l'énumération dans plusieurs textes. Ainsi, nous voyons dans
le § 12, C. II des Inst. de Justinien : Feræ igitur bestiæ,
et volucres et pisces, id est omnia animalia quæ mari,
cælo, et terrâ nascuntur, simul atque ab aliquo capta
fuerint, jure gentium statim illius esse incipient. —
Ajoutons qu'entre belligérants, toutes les prises faites
sur l'ennemi appartenaient, jure gentium, à celui qui
avait réussi à s'en emparer. —, Cela était vrai, soit
pour les Romains, soit contre eux en faveur des Peregrins. —

Mais laissons de côté ces questions d'un intérêt médiocre, — et arrivons aux modes dérivés d'acquérir la propriété, entre Romains et Peregrins. —

Ulpien nous donne l'énumération des modes d'acquérir le dominium, entre personnes qui jouissent du commercium (Romains et Latins). — Singularum rerum dominia nobis adquiruntur mancipatione, — usucapione, in jure cessione, adjudicatione, lege. Parmi ces modes d'acquérir, nous verrons que deux seulement étaient accessibles aux Peregrini, la tradition et l'adjudication. Mais nous verrons également que le droit prétorien ajouta à la liste des modes d'acquérir la prescriptio longi temporis et la quasi-tradition, ces deux derniers modes usités d'abord dans les Provinces, avant de passer dans le droit civil. —

Il est facile d'apercevoir que, par rapport au droit civil des Romains, il y a, au point de vue de l'acquisition des droits réels, deux catégories d'étrangers, les personnes étrangères (Peregrini) et les choses étrangères (præ dia Provincialia). — En effet, de même que la mancipatio, ce moyen romain par excellence d'acquérir le dominium, n'appartenait qu'aux citoyens Romains et aux Latins, à l'exclusion des Peregrini, — de même les fonds Italiques seuls étaient susceptibles d'être mancipés, et d'engendrer le dominium, à l'exclusion des fonds Provinciaux. — C'est ce qui fait dire à M. Ortolan :

« S'il y a des personnes étrangères, il y a des choses
» étrangères ; — la pérégrinité est pour les unes,
» comme pour les autres. — Il y a une capacité
» de droit civil pour les choses, comme il y a une ca-
» pacité de droit civil pour les personnes. »

Que la mancipatio soit inaccessible aux Peregrins,

cela ne peut faire doute. — Le droit romain était tellement rigoureux dans son exclusion que la présence à la mancipation d'un Peregrin, jouant le rôle de témoin, aurait entièrement vicié l'opération. — L'idée de mancipatio éveille immédiatement l'idée de res mancipi, de chose sujette à mancipation. — Gaius § 15, C. II, donne une énumération de res mancipi : immeubles situés en Italie, servitudes se rapportant aux immeubles ruraux, esclaves, bêtes de trait et de somme, voilà les choses mancipi. — En dehors de cette énumération, les immeubles situés en province, les meubles de peu d'importance même situés en Italie, les servitudes personnelles, et même les servitudes réelles urbaines, sont res nec mancipi, c'est-à-dire non susceptibles de mancipation. — Ce n'est pas à dire, pourtant, que l'on ne pût avoir sur elles un droit parfait, un justum dominium! Toutes ces choses, à part les fonds provinciaux, étaient susceptibles de dominium, soit en vertu d'une in Jure cessio, soit en vertu d'une traditio. Ulpien, Tit. XVIIII, § 2. —

Puisque les Peregrini, d'un côté, et les fonds provinciaux de l'autre, sont exclus de toute participation au droit civil, au point de vue de la propriété, — voyons par quels moyens cette incapacité pouvait cesser. —

Pour les Peregrins, nous n'avons plus, au point de vue du commercium, à rapprocher leur condition de celle du Latin. — A ce point de vue, en effet, les Latins étaient dans une condition absolument semblable à celle des citoyens Romains. — Nous ne devons donc nous occuper, pour le moment, que des Peregrins proprement dits. — Ulpien Jur, Tit. XVIIII, § 4 : Mancipatio locum labet inter cives Romanos et Latinos coloniarios, Latinosque junianos. — Mais en ce qui concerne les Peregrins proprement dits, ils n'ont pas plus le commercium, c'est-à-dire la faculté d'être propriétaire ex Jure Quiritium, que le connubium, c'est-à-dire le droit de contracter un Justum matrimonium. — Ulpien ajoute (loc cit) que le Peregrin ne peut avoir le commercium qu'en vertu d'une concession expresse. — Des concessions de ce genre, soit personnelles, soit générales, sont relatées dans les historiens Romains. — Nous arrivons ainsi à apprécier la véritable portée de la constitution de Caracalla.

Nous n'avons pas besoin de revenir sur le caractère vénal de la décision de ce prince. — Nous constatons seulement ce fait, — c'est que, dans l'empire romain, il ne reste plus en fait de Peregrins que les déportés, les Déditices, et les Latins Juniens. — Quant aux Peregrins d'origine, ils ont reçu le connubium et le commercium. — En ce qui concerne le commercium, — est-ce à dire qu'ils pourront appliquer la mancipatio, et acquérir le jus Quiritium, dans toutes les parties de l'empire ? — Non, certainement. — En effet, si Caracalla a supprimé la pérégrinité des personnes, il a, au contraire, laissé vivre la pérégrinité des choses. — En termes plus clairs, — il n'a rien changé à la condition du sol de la province, et à l'incapacité, qui le grevait, d'être l'objet d'une mancipatio. —

Nous savons par Gaius que la mancipation s'appliquait seulement in italico solo. — Mais ce n'était pas le seul avantage du sol de l'Italie. — Il est certain que l'Italie n'était pas soumise à un impôt fixe et permanent, et qu'elle ne contribuait aux charges de l'Etat qu'au fur et à mesure de ses besoins. — Nous savons également que pour être dispensé de la tutelle, en con-

sidération du nombre de ses enfants, — la condition
du citoyen romain ou du latin n'était pas la même, en
Italie et en province. — En Italie, la loi dispensait de
la tutelle celui qui avait quatre enfants, et, en province
celui qui en avait cinq. — L'ensemble de ces avantages
accordés au sol italique est appelé jus italicum. —
En province, au contraire, quelle est la condition du
sol ? — Soumis par la conquête, — il est assujetti par
le vainqueur à un impôt fixe et permanent (tributum,
stipendium); — divisé en provinces du peuple et en
provinces de l'empereur, — il n'est pas susceptible de
propriété privée. — Les habitants n'ont sur le sol provincial qu'un droit d'usufruit. — Donc, pas de mancipatio possible, pas de jus Quiritium. — De quelle façon
le sol provincial deviendra-t-il susceptible de mancipation, et, par conséquent, de propriété civile? — Ce
sera par une concession du jus italicum, — qui n'a
rien de commun avec le jus latii, — puisque l'un concerne les choses, et l'autre les personnes. —

Si le jus Italicum ne regarde que les choses, il est
bien certain que la constitution de Caracalla ne pouvait s'y appliquer. — Nous trouvons, d'ailleurs, un
argument sans réplique dans la pensée qui a inspiré
la concession de l'empereur Caracalla. — Comment
concevoir qu'un prince qui fait citoyen romain tous
les sujets de l'empire, dans le seul but de prélever de
nouveaux impôts, ait assimilé au sol Italique le sol de
la province, quand cette assimilation va soustraire la
province à l'impôt fixe et permanent? Comment supposer au même prince, dans la même constitution,
deux sentiments différents, — un désir immodéré de
lucre, et, d'un autre côté, un désintéressement com-
plet? Pareille contradiction n'a pas existé dans l'esprit

de Caracalla , — et nous sommes forcés de conclure en disant : le sol de l'Italie seul jouit de la mancipatio, et peut être l'objet du jus Quiritium, même après la constitution d'Antonin Caracalla.

Nous savons maintenant que pour avoir le dominium, — il faut avoir le commercium (être citoyen Romain ou Latin), et, en second lieu, il faut, en principe, que le droit porte une chose susceptible d'un droit réel jure civili. —

En dehors des citoyens Romains et des Latins, et en dehors des biens situés en Italie, — était-il donc impossible aux Peregrini d'avoir des droits sur des choses, et aux choses, situées en province, d'être susceptibles de droits quelconques. —

Parlons d'abord des Peregrini. — Est-il possible de croire que les relations qui se sont établies entre les Romains et les étrangers, n'aient pas successivement abaissé la barrière infranchissable du droit civil ? — Et peut-on supposer que la législation, qui avait réglementé un mariage du droit des gens, entre Romain et Peregrin, n'ait pas organisé entre les mêmes personnes la propriété du droit des gens? — Une pareille supposition serait ridicule, tant il est naturel et nécessaire d'affirmer que des relations, des transactions de tout genre ont dû intervenir entre les vainqueurs et les vaincus. —

Oui, il est bien certain qu'à une époque difficile à déterminer, par l'effet des relations nombreuses des Romains et des Peregrins, — la mancipatio, toujours réservée aux citoyens Romains et aux Latins, fit place à un mode d'acquérir accessible, même aux Peregrins. — La tradition fut le moyen d'acquérir qui dût se présenter le premier à l'esprit, à raison de sa simplicité. — Justinien dit fort bien § 40 Inst : Nihil tam convenicus est naturali æquitati, quàm voluntatem domini, volentis rem suam in œlium transferre, ratam haberi. — De son côté, Gaius dit très nettement : Hæ quoque res, quæ traditione nostræ fiant, *jure gentium nobis adquiruntur.* — C'est donc un fait bien certain, la traditius était du droit des gens ; — et elle était accessible aux étrangers. —

Mais quel était l'effet de la tradition, entre Romains et Peregrins ? — C'est là un point fort important, parce qu'il va nous montrer la coexistence de deux propriétés, — la propriété civile, et la propriété de voir les gens, — la seconde tendant peu à peu à absorber la première. Prenons deux exemples : 1° Voilà un esclave qu'un citoyen Romain livre à un Peregrin. — 2° Un autre esclave est livré par un citoyen Romain à un citoyen comme lui. — Que va-t-il se passer ? — Deux choses remarquables. Dans le premier cas, le citoyen Romain ne gardera aucun droit sur l'esclave, objet de la traditius ; — et le Peregrin en acquerra la propriété intégrale, ex jure gentium. Dans le second cas, au contraire, comme l'esclave est une chose mancipi, — et qu'il a été seulement livré (traditus) la propriété va se diviser. — Le tradeus gardera le nudum jus quiritium ; —et l'accipiens aura l'esclave in bonis. — Remarquable exemple du respect pour les anciennes traditions des Romains, s'alliant au progrès impérieusement réclamé par des situations nouvelles ! Nous n'avons pas à traiter ici des effets de la tradition entre citoyens Romains ; — nous n'avons indiqué la division de propriété qu'elle opère entr'eux, que pour mieux faire ressortir l'effet simple, unique, qu'elle entraîne entre Romain et Peregrin. Cet effet nous est d'ailleurs indiqué par le

jurisconsulte Gaius : apud peregrivos unum esse dominium ; itaque aut dominus quisque est, aut dominus
non intelligitur. § 40 et 41. — § 47. Vaticana.

Il est bien certain qu'entre Peregrins, la tradition
conférait la propriété du droit des gens, — et qu'elle
était protégée par le prêteur, — soit qu'elle s'appliquât
à une res mancipi, — soit qu'elle s'appliquât à une res
nec mancipi. — Dans les deux cas, le Peregrin n'ob-
tenait pas le dominium (puisque les citoyens Romains
et les Latins seuls pouvaient l'avoir) mais il acquérait
la propriété du droit des gens. —

Parmi les modes dérivés d'acquérir, accessibles aux
Peregrins, nous pouvons citer, après la tradition, l'ad-
judicatio, et la prescriptio longi temporis. — Mais la
mancipation, l'usucapion, l'injure cessto, et la loi ne
pouvaient conférer de droit qu'entre personnes ayant le
commercium.

Sortons de l'Italie où les anciennes lois de Rome
ont établi leurs priviléges exclusifs, — et où les vieilles
traditions résistent si longtemps aux progrès de la civilisation ; pénétrons en province, et voyons de quelle
manière ces immenses territoires, placés en dehors
de la loi civile comme les Peregrins eux-mêmes, ont
acquis une condition juridique particulière, dans laquelle est venu s'absorber l'antiquum jus Quiritium. —

Nous savons que les provinces appartiennent au
peuple, ou à l'Empereur, et que les particuliers ne
peuvent en principe, y avoir aucun droit de propriété.
— Mais, grâce à l'intervention du prêteur, la condition des provinces va changer, — bien qu'elles n'aient
aucune concession du jus Italicum, et que le sol,
comme les indigènes, reste en dehors du droit civil.
— En quelques mots, grâce à la protection du prêteur

« le droit des particuliers, sur le sol provincial, sera toujours un droit de possession, *mais avec tous les avantages de la propriété.* » M. Labbé, à son cours.

Il va de soi que la tradition était valable en province, soit entre Peregrins, soit entre Romains et Peregrins. — Mais je suppose que le tradens ne soit pas le véritable propriétaire (autant que l'on peut donner cette qualité à un détenteur d'un fonds provincial), et que l'accipiens de bonne foi ait possédé pendant un certain temps; — ne sera-t-il tenu aucun compte et de la bonne foi, et de la possession de l'accipiens? — Sur ce point, le prêteur institua, à l'image de l'usucapion, qui ne s'appliquait qu'aux fonds italiques, et au profit des citoyens Romains et des Latins, la prescriptio longi temporis, qui s'appliquait parfaitement aux fonds provinciaux. — L'accipiens de bonne foi, à qui avait été livré « a non domino » (toujours en prenant cette expression dans un sens détourné), et qui avait possédé pendant dix ans entre présents, et vingt ans entre absents, un fonds provincial, — cet accipien pouvait victorieusement repousser la revendication du dominus ou de toute autre personne, qui aurait réclamé sur le fonds l'exercice d'un droit réel. — Le délai de dix ans ou de vingt ans était le même pour les meubles et pour les immeubles. —

Nous n'avons pas à voir de quelle manière la prescriptio longi temporis fut préférée à l'usucapion dans la pratique, même dans l'Italie, ni comment la fusion s'opéra entre ces deux institutions. — Cette matière est étrangère à notre sujet, — et nous poursuivons, sans nous arrêter davantage à la prescriptio longi temporès, l'étude de la condition des fonds provinciaux, que nous avons rapprochée de notre travail sur les Peregrini.

Disons quelques mots des servitudes établies sur les fonds provinciaux. — Ce sera le complément de notre théorie générale sur la condition de ces terres, que l'on peut bien considérer comme étrangères, par rapport au Droit civil, selon l'expression de M. Ortolan. Il ne doit pas être question d'appliquer la mancipation, l'injure cessio, comme mode de constitution des servitudes, aux fonds provinciaux. — Mais, comme l'exploitation de la propriété exigeait entre les fonds voisins, aussi bien en province qu'en Italie, certains services, — le préteur créa, en dehors du Droit civil, des modes de constitution, que le Droit civil finit par adopter, — à mesure que la distinction entre les fonds italiques et les fonds provinciaux, s'effaçait dans la pratique, sinon dans la loi. — Dans ce très court résumé de la condition des fonds provinciaux, nous ne pouvons pas insister sur chaque création du préteur, en faveur de ces terres délaissées par le Droit civil. — Disons seulement que le préteur avait consacré, par la constitution des servitudes, la quasitradition, l'acquisition par la possession (traditio plane et patientia servitutum inducit officium prætoris. Lib. I. Inst.) et enfin les pactes et stipulations. — Comme nous ne traitons ces questions importantes qu'à l'occasion de la condition des Peregrini, — nous ne pouvons pas nous arrêter sur les difficultés très-sérieuses qu'elles exigent. — Ainsi, encore aujourd'hui, les commentateurs du Droit romain sont divisés sur le point de savoir si la servitude, créée par pactes et stipulations, donnait naissance à un droit réel. — Sans entrer dans la discussion des deux systèmes principaux qui ont été proposés, nous pensons que jamais les pactes et stipulations n'ont pu créer de droit réel. — Nous citerons seulement, dans le sens de notre opinion, la loi 136. D. Liv. 45. Tit. I. Si quis viam *stipulatus fuerit*, postea fundum partenive ejus *ante constitutam* servitutem alienaverit ; evanescit stipulatio.—Les pactes et stipulations ne créaient donc que des obligations, — dont l'exécution était garantie par des actions.

Avant d'aller plus loin dans l'étude des droits réels et des moyens de les acquérir, de la part des Peregrini, jetons un regard sur le chemin parcouru. — Nous avons reconnu, vis-à-vis du droit romain, deux sortes de pérégrinités, — la pérégrinité des personnes, et la pérégrinité des choses. — Bien que notre travail n'ait pour objet que la condition des personnes, — nous avons été entraîné à dire quelques mots de la condition des choses, par ce double motif qu'il est impossible de connaître exactement l'état des Peregrins, sans étudier leurs rapports avec les choses peregrines, et qu'au point de vue du Droit romain, du jus Quiritium, les uns et les autres se trouvaient dans une égale exclusion. —

Reprenant le § 2, Tit. XIX (Règles d'Ulpien) nous remarquerons que, parmi les modes d'acquisition indiqués par le jurisconsulte, nous n'avons jusqu'à présent reconnu à l'étranger que l'usage de l'adjudication et de la tradition, avec cette restriction importante que là où le Romain acquiert le jus Quiritium, le Peregrin n'obtient que la propriété du droit des gens. Mais, en dehors de ces modes primitifs d'acquérir, — nous avons vu apparaître, dans les Provinces, la quasi-tradition, et la prescriptio longi temporis. —

Faut-il voir dans la donation un mode d'acquérir, accessible aux Peregrins ? — D'abord, il n'est pas exact de dire, du moins dans le droit classique, que la donation soit un mode d'acquérir. — Comme le

dit fort bien le jurisconsulte Paul, L. 35, § 1, D.
Liv. 39, 6 : Donatio dicta est a dono, quasi dono
datum. — La donation n'indique pas un mode particulier d'acquérir, mais plutôt l'esprit, la nature de
l'acquisition, que l'on fait à l'aide des moyens ordinaires, la mancipatio, la cessio in jure, la traditio.
Je suppose qu'il plaise à un citoyen romain de livrer
à un Peregrin, sans lui demander d'équivalent en argent, une chose, meuble ou immeuble ; quel sera
l'effet de la tradition ? Il consistera à dessaisir le citoyen romain de la propriété de la chose donnée, pour
saisir de cette propriété le Peregrin, donataire, —
mais en transformant, du même coup, la propriété
civile en propriété du droit des gens. — En un
mot, en nous servant d'un langage juridiquement
inexact, la donation est une manière d'acquérir
du droit des gens. — Mais, ne faut-il pas distinguer entre la donation entre-vifs et la donation
à cause de mort, permettre l'une à l'étranger, et
lui refuser l'autre ? — M. Chambellan (*Etudes historiques*) fait cette distinction, et limite la capacité du
Peregrin à la donation entre-vifs, en lui refusant le
droit de faire ou de recevoir une donation à cause
de mort, par ce motif que, les donations à cause de
mort ayant été assimilées aux legs, le Peregrin ne pourrait pas avoir, en matière de donation, plus de droits
qu'en matière de legs. Cette doctrine vient d'être
exposée récemment, avec une lucidité parfaite, par
M. Glasson, professeur à la Faculté de Paris. — L'honorable professeur cite plusieurs textes d'Ulpien,
que l'on ne peut expliquer sans admettre l'assimilation
des testaments et des donations à cause de mort, par
rapport aux Peregrini. — Le Peregrin, n'ayant

pas la factio testamenti, ne peut ni faire un testament ou une donation à cause de mort, ni recevoir à l'un de ces titres. —

Ulpien (Loi 32, § 8. — Liv. 24, I.) nous parle d'un militaire qui, ayant subi une condamnation, a fait une donation à cause de mort. — Il obtient la permission de faire un testament? — Quel sera le résultat de cette concession? Ulpien nous le dit :

Donatio valebit, nam et mortis causâ donare poterit, cui testarit permissum est.

Le même jurisconsulte donne la même solution dans la loi I, § 1, 27, 3, et la loi 7, § 6, 39, 5.

L'assimilation des legs et des donations à cause de mort doit nous conduire à décider que le Latin Junien n'aura le Jus capiendi ex donatione mortis causâ, — qu'autant qu'il sera devenu citoyen à la mort du donateur, ou dans les cent jours de la crétion. —

La donation à cause de mort nous conduit naturellement à étudier la condition des Peregrini, en matière de legs. — Le titre de notre paragraphe implique, d'ailleurs, l'étude des legs ; — car le legs est assurément un moyen d'acquérir les droits réels, en Droit Romain. — La condition des Peregrini, en cette matière, est nulle, car ils n'ont pas le commercium, et le factio testamenti qui est une conséquence du commercium. — Mais, à côté des Peregrins proprement dits, il convient de placer les Latins Juniens, qui n'ont, nous l'avons établi, le commercium que dans certaines limites. — Libres, leur vie durant, ils meurent esclaves; — capables, comme les Latins, de contracter valablement avec les citoyens romains, d'être propriétaires, créanciers jure civili, — ils sont incapables, à leur mort, de faire des libéralités testamentaires, à l'en-

contre de leur patron. — On leur reconnaît bien la
factio testamenti, — mais à la condition qu'ils institue-
ront leur patron! — Voilà pour la capacité testamentaire active des Latins Juniens. — Quant aux Peregrins,
— il est bien certain que, ne jouissant pas du commercium, ils ne peuvent pas faire un testament valable.
— Mais, la législation romaine ne peut en aucune façon
leur enlever les droits qui leur sont accordés par la
cité à laquelle ils appartiennent. — Un testament fait
par un Peregrin, — selon les lois de sa cité particulière, serait parfaitement valable. — Le déditice, lui,
ainsi que le déporté, n'avaient pas cette capacité spéciale des Peregrins proprement dits ; — car, à la différence de ces derniers, ils n'appartiennent à aucune
cité. — Mais si le déporté, par exemple, a fait, avant
sa condamnation, un testament, — bien que ce testament soit civilement nul par l'effet de la capitis de-
minutio, il recouvrera toute sa valeur, si, d'une part, le
testateur, ayant recouvré les droits de cité, meurt citoyen romain, et que, d'autre part, le testament soit
revêtu du cachet de sept témoins. —

Si les Peregrins ne peuvent pas, en général, faire
un testament, — peuvent-ils, au moins, recevoir par
testament? Mettons immédiatement de côté le cas où
le testateur est un militaire. — En raison des priviléges de toutes sortes dont jouissaient les soldats, et
des exceptions qui étaient faites pour eux au Droit civil, — en matière de testaments, — il leur était permis d'instituer des Peregrins, et de leur faire des libéralités. — Mais, à part les testaments militaires,
les Peregrins, n'ayant pas la factio testamenti, ne
pourront rien recevoir par testament. — Il faut cependant distinguer entre les Peregrins et les Latins

Juniens. — Pour les premiers, l'incapacité est absolue. — Pour les Latins Juniens, leur condition est supérieure à celle des Peregrins ordinaires; en effet, ils ont le commercium que les autres n'ont pas. — On comprend qu'on ait refusé aux Latins Juniens le droit de faire un testament; — car, par l'effet d'une fiction de la loi Junia Narbona, au moment même de leur décès, les biens deviennent la propriété du patron; — et si le testament de l'affranchi Latin peut confirmer les droits du patron, ce testament ne saurait les lui soustraire. — Mais, quand le Latin Junien reçoit une libéralité testamentaire, — pourquoi la lui enlever? Les droits du patron, loin de diminuer, ne feront que s'accroître, grâce aux libéralités que recevra le Latin Junien? — Quoi qu'il en soit, le Latin Junien, malgré la supériorité de sa condition à celle du Peregrin, n'avait qu'une demi-capacité, pour recueillir les libéralités testamentaires. — Il ne pouvait capere ex testamento, — qu'autant qu'il était citoyen romain, à la mort du testateur, ou qu'il le devenait dans les 100 jours qui suivent cette époque. Disons, en passant, que le dies cedit fut reculé jusqu'au jour de l'ouverture des Tables du testament. —

En terminant nos observations sur la capacité de recevoir un testament reconnue aux Peregrins, — nous citerons un texte d'Ulpien, par lequel nous apprenons qu'un legs fait à une cité était valable. § 28. tit. 24 : Civitatibus omnibus quæ sub imperio populi Romani sunt, legari poterat; idque a divo Nerva introductum est, postea a senatu, auctore Hadriano, diligentiùs constitutum. —

Si les Peregrins ne pouvaient pas jure civili recueillir un legs, — ils pouvaient en recueillir l'équivalent, à l'aide d'un fidéicommis. — Il paraît même que ce fut en faveur des Peregrins que fut consacré par le droit civil l'usage des fidéicommis : Fero hec fuit origo fidei- — commissorum. — Ce qu'il y a de certain, — c'est que la faveur acquise par les fidéicommis entraîna la création d'un préteur spécial, uniquement chargé de régler les différents nés à cette occasion. —

Mais l'expédient des fidéicommis, à l'aide desquels un Peregrin devenait capable de recevoir, ne dura que jusqu'à l'empereur Adrien. — Un sénatus-consulte rendu sur sa demande, décida que les fidéicommis faits en faveur des Pérégrins, pourraient être revendiqués par le fisc.

Quant aux Latins Juniens, — plusieurs textes nous autorisent à croire que le sénatus-consulte d'Adrien ne les avait point frappés. — Gaius, en effet, § 275, C. II., nous dit, au présent : Latini quoque, qui hereditates legataque directo jure Lege Juniâ capere prohibentur, *ex fideicommisso capere possunt.*

Résumons notre étude sur les droits réels et sur les moyens de les acquérir. — Nous avons fait remarquer que les fonds provinciaux étaient, par rapport au Droit civil, tous aussi incapables d'être l'objet de droits réels ; que les Peregrins eux-mêmes l'étaient de les acquérir, sur le sol Italique. — Nous avons vu également que si, parmi les mots d'acquérir, la tradition et l'adjudication étaient accessibles aux Peregrins, — ce n'était que pour leur faire acquérir une propriété du droit des gens. — Enfin, en matière d'acquisition lege, l'incapacité du Peregrin avait été transformée à l'aide du fidéicommis ; mais Adrien rétablit l'incapacité primitive des Peregrins, — en attribuant au fisc les fidéicommis faits en leur faveur. —

IV.

L'Étranger peut-il contracter une obligation valable?

—

Des Droits personnels.

Après avoir étudié les droits réels et les moyens de les acquérir, voyons de quelle manière un étranger acquiert un droit personnel. — Dans notre paragraphe II, nous avons vu que parmi les modes civils d'acquérir un droit réel, deux seulement, la tradition et l'adjudication, étaient accessibles aux étrangers. — Mais à côté du droit civil, — nous avons vu naître et grandir le droit prétorien, s'appliquant d'abord aux fonds provinciaux, que le Droit civil a délaissés, avant d'absorber le Droit civil lui-même. — Nous allons voir ici, en matière d'obligations, cette co-existence du Droit civil et du Droit prétorien : l'un étroit, exclusif, réservé d'abord aux citoyens romains et aux latins, — l'autre large et accessible aux Peregrins comme aux citoyens romains. —

Le mode véritablement romain de s'obliger, c'est la stipulation, en d'autres termes, le contrat se formant à l'aide de paroles solennelles. — La stipulation n'est elle-même qu'un reste, un souvenir, de l'ancienne cérémonie per ces et libram. On sait que, dans cette cérémonie exclusivement propre aux citoyens romains, on se servait de paroles solennelles. Eh bien ! la stipulation n'est qu'une simplification de l'ancienne manière de procéder ; des anciennes formalités, elle n'a gardé que les paroles solennelles. — Mais, est-ce à dire que, par l'effet de cette transformation, la stipulation est immédiatement devenue accessible aux Peregrins ? Nullement. — M. Savigny et M. Machelard sont d'accord pour soutenir que la stipulation a dû être, pendant un temps assez long, l'attribut des citoyens romains et des personnes qui avaient reçu le commercium. Mais, à une époque que l'on ne saurait déterminer, et qui doit coïncider probablement avec les premières conquêtes de Rome en dehors de l'Italie, les nombreux rapports s'établissant entre Romains et étrangers durent appeler la préoccupation et la sanction du législateur. — C'est ainsi que la stipulation, ce contrat par excellence, où la volonté, l'intention des parties sont fixées par les paroles, où la demande de l'une des parties doit, pour être valable, être approuvée par une réponse correspondante de l'autre, la stipulation se prête à satisfaire les besoins nouveaux de Rome conquérante. — Et cependant, tel est le respect des Romains pour les anciennes institutions, et pour les vieilles traditions, — que leurs concessions aux Peregrins du droit de contracter valablement ne sont pas complètes. — Les textes nous apprennent que les Romains gardent pour eux la stipulation : spondes-ne ? Spondeo. Quant aux termes suivants : dabis ? Dabo. Promittis ? Promitto ; — ils sont à l'usage commun des Peregrins et des Romains. — En dehors de la stipulation, spondes-ne ? Spondeo, — peu importent les termes, peu importe la langue employée ! Que les parties s'expriment en grec ou en latin, — il n'importe, pourvu qu'elles se comprennent, et que la demande et la réponse soient conformes. —

En un mot, en dehors de la forme spondes-ne ? la stipulation est du droit des gens. — Ceteræ juris gentium sunt. — § 93, C. III Gaius. — Puisque la stipulation est, par son origine, le contrat romain par excellence, et que, cependant, l'usage en a été permis aux Pérégrins, — nous pouvons dire avec raison : tous les contrats sont du droit des gens, en droit romain. — Contrats qui se forment re, verbis, consensû, — tous sont accessibles aux étrangers. — Nous n'avons point parlé des contrats litteris, — parce que, précisément à l'occasion des étrangers, ils offrent quelques particularités qui méritent d'être étudiés à part. —

Puisque la stipulation est accessible aux étrangers, il faut en conclure nécessairement que les étrangers pourront exercer les actions ex stipulatû, (tam condictio, si certa sit stipulatio, quàm ex stipulatû, si incerta). —

De même qu'un étranger peut s'obliger verbis, ou obliger envers lui un citoyen romain, de même l'obligation pourra recevoir toutes les modalités qui la diminuent ou qui la fortifient. — C'est ainsi que l'obligation pourra être contractée à terme, sous condition, solidairement ; c'est ainsi encore qu'à l'obligation principale pourra s'ajouter une obligation accessoire, telle que l'obligation d'un adpromissor. — A ce sujet, nous avons une observation importante à faire. — Tous les adpromissores n'étaient pas tenus avec une rigueur égale, et il y avait des distinctions à établir parmi eux. Il y avait trois classes d'adpromissores, les sponsores, les fidepromissores, — et les fidejussores. — Gaius nous apprend (§ 119, C. III) que le sponsor et le fidepromissor ne pouvaient garantir qu'une obligation verbale : Nullis obligationibus accedere possunt nisi verborum. — Il faut conclure de là que, pendant l'époque très-ancienne où le Peregrin ne pouvait participer à la stipulation, il ne pouvait avoir ni de sponsor, ni de fidepromissor. — Même, quand la stipulation devint accessible aux étrangers, on se demandait si, un étranger ayant stipulé à l'aide des termes spondes-ne ? cette obligation, nullo jure civili, pouvait être garantie par un sponsor ou un fidepromissor. — Illud queritur si peregrinus spoponderit, an pro eo sponsor aut fidepromissor obligetur. — Le fidejussor, au contraire, pouvait garantir tout espèce d'obligation (sive re, sive litteris, sive consunsu contractœ fuerint). — Il était donc à la disposition du Peregrin débiteur, puisque le Peregrin pouvait s'obliger par tous ces moyens. Nous n'avons pas ici à établir les différences importantes qui séparaient les fidepromissores et les spensores des fidéjunores. — Cependant nous croyons devoir signaler deux lois importantes en cette matière, la loi Apuleia, 652 de Rome, et la loi Furia 659. — Après avoir établi pour la province et pour l'Italie une législation uniforme, en ce qui concerne les sponsores et le fidepromissores, — la loi Apuleia n'eût pas un long règne ; — en effet, la loi Furia vint établir, pour l'Italie, un véritable privilége. — D'après cette loi, dans l'hypothèse de plusieurs adpromissores (sponsor, fidepromissor) le créancier ne peut poursuivre chacun d'eux que pour sa part (singuli viriles partes solvere tenentur) ; tandis que, en province, les adpromissores sont toujours régis par la loi Apuleia, et tenus in solidum envers le créancier. — Les lois Apuleia et Furia tombèrent en désuétude, du jour où Adrien établit entre les fidejusseurs solvables au moment de la litis contestatio le bénéfice de division d'action. — Le bénéfice de l'empereur Adrien s'appliquait, du reste, à tous les sujets de l'Empire.

Avant d'abandonner les matières des stipulations, nous avons à faire observer que le Droit romain, en réglant les rapports des Peregrins et des citoyens Romains, n'a eu nullement la prétention de porter atteinte aux lois particulières de chaque cité, sur les rapports entre Peregrins, membres de cette cité. — Les principes généraux que nous avons établis, au début de notre travail, en empruntant l'autorité de Montesquieu suffiraient à attester l'autonomie des cités particulières. — Mais, en cette matière, outre l'autorité puissante de Montesquieu, nous invoquerons deux textes, relatifs à la stipulation et au contrat de fidejussion entre Peregrins. — § 96, III. Gaius : *apud peregrinos quid juris sit, singularum civitatum jura requirentes, — aliud in aliâ lege reperiemus.* — Et, en ce qui concerne le contrat de fidejussion : *nisi si de peregrino fideprominore quœramus, et alio jure civitas ejus utatur.* —

Passons à l'étude de la capacité des Peregrins, — en ce qui concerne le contrat litteris. —

Pour bien connaître la condition des étrangers, en cette matière, il faut établir des distinctions entre les divers contrats litteris. — Or, on peut citer quatre cas de contrats litteris 1° expensilatio, 2° transcriptitia nomina, 3° arcaria nomina, 4° chirographa sive syngrapha. — C'est aux commentaires de Gaius que nous devons de connaître quelques détails sur ces modes d'obligations ; et, particulièrement en ce qui concerne les Peregrins, nous trouverons dans Gaïus des documents très précieux. — 1° Il paraît que l'expensilatio ne pouvait intervenir qu'entre citoyens Romains, parce

qu'elle supposait accomplie la cérémonie de la mancipatio, dont toute participation était, nous le savons,
refusée aux Peregrins. — Expensilatio, c'est-à-dire
mention écrite de la pesée, réelle ou fictive, qui intervenait dans la cérémonie de l'æs et libra. — 2° Quant
au nomen transcriptitium, il consistait à opérer une
novation, soit mutatâ re (en changeant la nature de la
dette) soit mutato creditore (en changeant la personne
du créancier). Voilà un Peregrin qui est débiteur, à titre
de vente, de louage ou de société; il est tenu d'une action
de bonne foi. — Mais, sur la demande du créancier,
il consent à ce que, jusqu'à concurrence du montant de
sa dette, il y ait expensi latio. — Que va-t-il se passer ?
Si l'opération est valable, — l'action de bonne foi va
se transformer en une action de droit strict, et le Peregrinus va être obligé plus énergiquement. — Mais
Gaius nous apprend que le jurisconsulte Nerva se pro-
nonçait pour la nullité, — tandis que Sabinus et Cas-
sius déclaraient l'opération valable. — La rivalité
entre les deux écoles cessait, sur le point de savoir si
le Peregrinus pouvait employer le nomen transcrip-
ticium, a personâ in personam ; — sur ce point les
deux écoles se prononçaient pour la nullité. 3° Les
arcaria nomina n'étaient pas, à proprement parler, un
mode de s'obliger, — mais seulement un moyen de
constater, de prouver l'existence d'une obligation, née
en vertu d'un titre régulier. — Ainsi, il y a eu mutuum
entre un Romain et un Peregrin; le débiteur reconnaît
par écrit qu'il a reçu une certaine somme. — Est-ce
la reconnaissance écrite du débiteur qui l'oblige envers
le créancier ? Pas du tout. Ainsi que le dit Gaius,
l'obligation existe, dès que l'argent a été compté (nu-
meratione pecuniæ § 132 III). Mais, du moment que le

mutuum est un contrat du droit des gens, — rien n'empêche le Peregrin de s'en procurer la preuve par écrit.
4° Enfin, nous apprenons par Gaius qu'un usage, très-
répandu chez les Peregrins, consistait à s'obliger par
écrit très-régulièrement, chirographis et singraphis,
chirographis quand l'écrit ne porte qu'une signature,
syngraphis quand il en porte deux. — Dans ces deux
cas, il paraît que la promesse par écrit de donner telle
somme suffisait à obliger le promettant, — alors même
qu'il n'y aurait pas eu antérieurement numerata pecunia. — C'est là, on le voit, une différence essentielle
entre les arcaria nomina, et les syngrapha ou chirographa. — Dans le premier cas, ce n'est pas l'écrit,
mais la numeratio pecuniæ qui donne naissance à
l'obligation. — Dans le second cas, c'est l'écrit, et
l'écrit seul, qui oblige le Peregrin, — sans qu'il soit
besoin de savoir s'il y a eu, ou non, numerata pecunia.
— Cela est si vrai que très souvent nous voyons intervenir les Empereurs romains (sæpissime constitutum
est) pour déjouer les calculs de certains créanciers qui
ne craignaient pas d'arracher par la ruse à des débi-
teurs trop confiants des écrits, constatant des obligations imaginaires, pecuniâ minime numeratâ. — Il faut
se placer, bien entendu, pour comprendre l'intervention des Empereurs, à une époque, très certainement
postérieure à Gaius. Car, du temps de Gaius, — les
Peregrins seuls s'obligent chirographis et syngraphis
(Quod genus obligationis proprium peregrinorum est).
Or, dans le sein de leurs cités, les Peregrins n'obéissent qu'à leurs lois, — et non aux lois privées du
peuple romain. — Mais, du jour où, dans l'Empire
Romain, il n'y a plus de Peregrins, — les usages des
Peregrins, jusque-là contenus au sein de leurs cités,

se répandent dans toutes les parties de l'Empire, et entraînent des abus que les Empereurs viennent réprimer. — Disons, pour finir, que le moyen de répression imaginé par les Empereurs, étant une *exception non numeratæ pecuniæ*, — à l'aide de laquelle le débiteur faisait tomber l'action du créancier. —

Nous ne dirons rien de particulier, en ce qui concerne les Peregrins, au sujet des contrats qui se forment re, tels que le mentuum, ou des contrats qui se forment solo consensu, tels que la vente. — Ces contrats sont du droit des gens, et, à ce titre, accessibles aux Peregrins.

Les contrats dont nous venons d'étudier l'application aux Peregrins se rangent sous quatre divisions générales, qui les embrassent tous, — *et portent chacun un nom particulier*. — En Jehors de ces divisions générales et de ces dénominations spéciales, ne paraît-il pas y avoir place pour d'autres contrats, accessibles aux Peregrins ? — Il est certain, incontestable que les pactes, avec l'organisation, les règles et les effets qu'ils reçurent du préteur, sont du droit des gens, — et que le Peregrin, créancier en vertu d'un pacte, peut invoquer, soit l'action, soit l'exception que le préteur fait produire au pacte en question. — Nous n'avons pas ici à faire l'étude des pactes, en Droit romain, ni à indiquer à l'aide de quel ingénieux moyen, ou à la suite de quelles situations, le préteur est arrivé à créer toute une classe nouvelle de contrats; il est intéressant de suivre le développement de ces contrats nouveaux, dans une étude spéciale publiée sur ce point par M. Accarias, professeur agrégé à la Faculté de Paris. — Nous nous contenterons de dire qu'en thèse générale, le pacte ne produit pas d'action. — Paul nous dit, en effet, ex nudo pacto *inter cives Romanos* non nascitur actio. — *Inter cives Romanos!* Cette restriction de Paul inspire à M. Machelard une observation très-vraie : « Entre Peregrins, il aurait donc pu en être autrement, si les lois de leur pays avaient admis l'obligation comme se formant, en principe, solo consensû. » Obligations naturelles, l. 29.

Enfin, que devons-nous décider, au sujet de la condition juridique des Peregrinus, par rapport aux quasi-contrats. — Les notions que nous avons sur les droits de famille et sur les droits réels, vont nous permettre de résoudre sans difficultés, les cas d'application des quasi-contrats au Peregrinus. — Puisque le Peregrin ne peut être ni tuteur, ni héritier, — il ne peut être question pour lui d'une obligation quelconque envers un pupille d'une part, et envers des co-héritiers et des légataires, d'autre part. — Le Latin Junien, lui, peut être tuteur et même héritier, — s'il est citoyen romain, à la mort du testateur ou dans les cent jours de la crétion. — Il pourra donc être tenu, de l'action tutelæ, de l'action familiæ ereiscundæ, ou de l'action legatorum.

Mais, comme le Peregrin peut être propriétaire d'après le droit des gens, et, en général, créancier, — il sera tenu de l'action communi dividundo, s'il est propriétaire en commun avec d'autres personnes, — de l'action negotiorum gestorum, dans le cas où il a utilement géré les affaires d'un absent, sans avoir reçu mandat à cet égard, — et enfin de la condictio indebiti, s'il a reçu ce qui ne lui était pas dû.

Ce n'est pas seulement par contrat ou par quasi-contrat qu'un Peregrinus peut se trouver obligé. — Il peut l'être encore par ses délits. — De même que les Romains avaient, dans le principe, organisé pour eux seuls

la propriété, les obligations, et le moyen de les acquérir, — de même, ils avaient établi pour eux les cas
des délits, et leurs conséquences. C'est ainsi que les
actions furti, injuriarum ont leur origine dans la loi des
XII Tables, — et qu'un plébiscite important, la loi
Aquilia édicte les peines civiles qui frappent le damnum
injuriâ datum. — D'après les principes du jus civilis,
il est hors de doute que le Peregrin ne peut pas se
placer sous la protection des lois romaines. Et cependant on est arrivé à permettre à l'étranger d'exercer
les actions pénales, et à le soumettre à ces actions ins-
tituées par les lois anciennes, quand les tendances des
Romains sont devenus moins exclusives, et que leur esprit trop étroit et trop fier est parvenu à discerner plus
exactement les droits et les devoirs de l'homme, en tant
qu'homme, abstraction faite de toute idée de cité.
« La nécessité de la répression, dit exactement M. Ma-
» chelard, par un mal infligé au coupable, est une idée
» acceptée par toutes les nations; — et le châtiment
» est aussi juste à l'égard de l'étranger qu'à l'égard
» des nationaux, puisque les uns et les autres sont des
» êtres également éclairés et également comptables de
» leurs actions. » Obligations naturelles.

Par quel moyen l'étranger pouvait-il intenter une
action pénale, — ou être soumis à une action de ce
genre? — Gaius (§ 37, L. IV) nous dit que, si l'équité
réclamait l'application du droit civil à l'étranger, — on
lui supposait, dans l'espèce, une qualité qu'il n'avait
pas, — la qualité de citoyen Romain. Civitas Romana
peregrino fingitur, si eo nomine agat, autcum eo agatur
quo nomine *nostris legibus* actio constituta est. —
Et Gaius suppose précisément les cas de furtum, et
de damnum injuriâ datum ! — Nous pouvons ajouter

ici, pour le soumettre aux mêmes règles, le cas de
l'actio injuriarum ; — car, cette action, ayant son origine dans la loi des XII Tables, est comprise certainement
au nombre des actions dont parle Gaius : *nostris legibus constitutæ.*— Mais si l'action pénale a sa source
dans le droit prétorien, le Peregrinus pourra-t-il pas
l'invoquer ? On peut sans crainte répondre affirmativement. — Non-seulement le Peregrinus pourra invoquer ou devra subir les actions pénales Prétoriennes,
ces actions qui ont leur source dans l'équité, mais encore, il ne sera pas nécessaire de supposer au Peregrinus la qualité de citoyen, pour le rendre capable de
comparaître devant le tribunal du préteur.

Nous avons peu de choses à dire sur l'extinction des
obligations, en Droit Romain, par rapport à l'étranger.
— Puisqu'on permet aux Peregrins de s'obliger, —
il faut bien leur permettre d'éteindre leurs obligations.
— Ainsi, l'étranger pourra invoquer les moyens d'extinction tel que, le paiement, la novation, l'acceptila-
tion, le mutuel dissentiment, la compensation, et la
prescription dans les cas où elle peut avoir lieu. —

Il est bien certain que le paiement imaginaire per œs
es libram, dont nous parle Gaius aux § 173-174, III,
était inaccessible aux Peregrins. —

Enfin, comment faut-il comprendre, par rapport au
Peregrinus, l'effet extinctif de la litis contestatio ? Il
faut distinguer entre les Judicia legitima, et les Judicia imperio continentia. — Pour le Peregrin, jamais le
Judicium ne peut être legitimum, le Judicium eût-il
lieu à Rome. — C'est là un vieux débris des actions
de la loi, — organisées dans le très ancien droit pour
le citoyen Romain seul, et avec une compétence territoriale très étroite. — En dehors des limites de cette

compétence (un mille autour de la ville) le Judicium
est imperio continens, — eût-il lieu entre deux citoyens Romains. — Mais occupons-nous du Peregrinus,
et de l'effet que produit, envers lui la litis contestatio
dans le Judicium imperio continens, — le seul qui
lui soit applicable, — Eh bien ! pour ce Judicium,
Gaius nous dit positivement : si imperio continenti
judicio egorim, — tunc enim nikilominus obligatio
durat; et ideo ipso jure postea agere possum. — Ainsi,
c'est un fait bien certain, la litis contestatio n'éteint pas
l'obligation, de ducta in judicium. — Le Peregrin, débiteur, ne pourra pas de plein droit arrêter l'action du
créancier qui le poursuit une seconde fois. — Mais, il
pourra la paralyser, à l'aide de l'exception rei judi-
catœ velin judicium de ductœ, que le préteur inscrira
dans la formule d'action. —

V.

Des actions, par rapport aux Peregrini.

Nous avons annoncé que nous dirions un mot de la
capacité du Peregrinus, — au point de vue des actions. — Ce n'est pas que nous voulions apporter ici
des documents nouveaux à la théorie de la condition
des Peregrinus. — S'il est vrai que l'action n'est autre
chose que le droit porté en justice, il sera exact de dire
que les actions, pour le Peregrinus, auront pour limites
ses droits. — Nous n'aurons, par conséquent, à faire
qu'un résumé des droits que nous avons reconnus à
l'étranger, en plaçant, à côté du droit, l'action qui le
protège. —

Mais auparavant, il est bon d'observer que la procédure Romaine a traversé trois périodes très distinctes, sous lesquelles la condition du Peregrinus est loin d'être égale. — La période des actions de la loi n'offre aucun intérêt pour nous ; — elle se résume dans une exclusion absolue de quiconque n'est pas citoyen romain. — Le système des actions de la loi dut appeler, précisément à cause de son caractère exclusif, des innovations de procédure qui fussent à la portée des Peregrins. — Conçoit-on une législation qui consacre, en faveur des Peregrins, le droit d'être propriétaire ex jure gentium, le droit de s'obliger et d'obliger les autres par la stipulation, — et qui ne protége pas ces différents droits par une action ? Conçoit-on une obligation qui n'aurait pas de sanction ? — Pareille contradiction ne doit pas être reprochée au législateur romain. — Vers l'année 507 fut créé le prœtor peregrinus, chargé de rendre la justice, soit entre Pérégrins, soit entre Romains et Peregrins. — Les actions de la loi ne sauraient être valablement employées entre ces personnes. — Mais le préteur imagine la formule d'action, dans laquelle il expose les faits de la cause, fixe le droit se rapportant aux faits, — et nomme un juge pour examiner les faits, et pour condamner ou absoudre, — suivant que les faits sont prouvés ou non. — « Je suis convaincu, dit M. Ortolan, que c'est » l'accroissement des relations avec les Pérégrins et la » nécessité de rendre la justice dans les affaires où ils » étaient mêlés, qui ont suscité et développé les pre- » miers germes du second système de procédure. » On peut conjecturer avec raison que les premières formules, délivrées par le prœtor peregrinus, durent être rédigées in factum. — Il est bien certain que le

Peregrin ne pouvait pas prétendre « aliquid sibi esse ex jure quiritium, » aut « sibi dare oportere, » — puisque, dans le principe, le Droit civil ne reconnaît pas la propriété du Droit des gens, — et que la cérémonie de la mancipatio, à l'usage des citoyens romains seuls, est essentielle à la formation d'un contrat. Dans l'action in factum, — le juge n'a qu'une question de fait à vérifier ; — selon que le fait est vérifié ou non, il condamne ou il absout. Mais, à mesure que le Droit des gens absorbe, sous l'influence lente mais irrésistible de la civilisation, l'antique Droit civil, — le préteur devient plus hardi. — Il va, pour faire jouir le Peregrin du Droit civil, — jusqu'à lui supposer une qualité qu'il n'a pas. Fingitur civitas Romana. — Voilà l'action fictice. Dans le cours de notre travail, — nous le voyons heureusement employé, pour mettre à la portée des Peregrinus les actions créées par la loi des XII Tables la loi Aquilia, dont l'équité réclame l'extension au Peregrinus, dans certaines circonstances. — Ce serait sortir de notre sujet que de montrer la portée immense qu'eût dans le droit Romain, la création du système formulaire, — d'abord réservé à une classe de personnes, délaissées par le droit civil, — et peu à peu accessible aux citoyens Romains, préférèrent la simplicité de la formule aux gênantes formalités de la loi. — Un mot encore, sur le système formulaire, appliqué aux Peregrins — Nous avons parlé en passant de la nomination faite par le préteur du juge, auquel était confiée la vérification des faits. Il paraît que les juges chargés de ces fonctions, dans les procès où les Peregrins étaient parties, s'appelaient récupérateurs. — D'après M. Latreille (histoire des Institutions judiciaires des Romains) « les traités ré-

» servaient quelquefois au profit des étrangers et des
» provinces une part dans la nomination, — L'impe-
» rium alors devait se conformer aux stipulations du
» fædus, et suivre la loi de la province. »

Nous n'avons rien à dire de particulier sur le système qui succède au système formulaire. — Il n'y a
plus alors d'autres Peregrini que les Barbares, et les
textes, malheureusement, ne nous affirment rien de
particulier sur leur condition. —

Il ne nous reste plus qu'à rappeler, en quelques
mots, les actions accordées aux Peregrins, pour la
protection de leurs droits. Nous savons qu'en ce qui
concerne les droits de famille, le Peregrinus en général
est exclu de toute participation au Droit Romain. —
Mais, en ce qui concerne les droits réels et personnels,
sa condition, quoique relativement inférieure à celle
de citoyens Romains, reçut du Préteur des moyens ef-
ficaces de protection. — Nous rappelons l'action en
revendication utile, dans le cas où le Peregrinus est
devenu propriétaire ex jure gentium, — l'action Publi-
cienne, quand il a perdu la possession à l'effet d'acquérir par prescription, — l'action ex stipulatû, quand
une servitude a été établie sur un fond provincial par
pactes et stipulations, — la cognitio extraordinaire, par
laquelle le Préteur ordonne l'exécution d'un fidéicommis
fait au Peregrinus. — En matière de contrats, (comme
presque tous sont du droit des gens) le Peregrins
jouira des actions qu'un citoyen Romain pourrait lui-
même invoquer, — à part les actions très rares réser-
vées aux citoyens seuls. Que l'obligation se soit for-
mée verbis, — litteris, — re consensuve, — le Peregrinus invoquera, dans les deux premiers cas, les
actions de droit strict attachées à la forme du contrat,

et dans les deux autres les actions de bonne foi corres-
pondantes, avec toutes les conséquences que les unes et
les autres pourraient entraîner. Notre formule est, pourtant, trop générale. — Car, parmi les contrats qui se
forment re, le mutuum donne lieu à une action de
droit strict. — Il n'est pas douteux que le Peregrinus
peut l'invoquer. — Enfin, pour les obligations qui découlent des délits, — le préteur, s'inspirant à des
considérations d'équité, a imaginé une fiction qui, éle-
vant le Peregrinus à la condition de citoyen Romain,
lui permet d'invoquer les actions pénales de la loi des
XII Tables et de la loi Aquilia. —

VI.

Des Barbares.

Chaque fois que, dans le cours de notre travail,
nous avons eu à parler des Barbares et de leur condition, par rapport au Droit romain, nous avons dit
qu'ils n'avaient pas pour les Romains de condition juridique. — Cependant, il ne faudrait pas croire que
tous les Barbares fussent frappés de la même exclusion.
— A mesure que la puissance romaine s'écroulait sous
les coups des Barbares, — et que l'armée perdait sa
vigueur et sa discipline, — les empereurs, voulant
sauver l'empire d'une chute désormais inévitable, firent
appel aux moyens suprêmes. — Attaquée par les Barbares, la puissance romaine était obligée de se dé-
fendre par eux. — C'est ainsi que nous voyons, sur les
confins de l'empire, surtout en Gaule, — s'installer,

sur les rives du Rhin, déjà fameuses, et dans d'autres
parties de la Gaule, des peuples Barbares domptés par
les légions romaines, mais laissés dans une condition
relativement bonne, au prix de leur incorporation dans
l'armée victorieuse. Peuples læti, peuples fœderati,
voilà les noms que nous trouvons appliqués à ces Barbares. — Les savants Romanistes qui ont écrit sur
l'histoire du Droit, ont donné plusieurs explications de
l'expression « læti ». Les uns font venir cette dénomi-
nation de ce que certains peuples, qualifiés de læti,
marchaient gaiement au combat. — D'autres (M. Henri
Klimrath) pensent que les Læti étaient ainsi appelés
« parce que leur condition nouvelle présentait beaucoup
de ressemblance avec celle des Lètes de Germanie. »
— Quoi qu'il en soit de l'étymologie du mot « læti »,
on peut affirmer qu'il se trouvaient dans une condition
relativement bonne, par rapport aux peuples Barbares,
soumis par les armes romaines. —

Les Barbares, vaincus, étaient ordinairement em-
ployés à la culture des vastes contrées désertes de
l'empire romain. — Ils devenaient esclaves de la
terre, et à ce titre, pouvaient être assimilés aux colons, — avec cette différence que le colon avait une
condition civile, tandis que le Barbare n'en avait pas. —

Les peuple Læti, fœderati, étaient placés par les
vainqueurs dans certaines parties de l'empire, et re-
cevaient de lui des terres qu'ils cultivaient. — Mais,
il paraît qu'ils avaient une certaine condition civile,
reconnue des Romains. — C'est ainsi qu'ils pouvaient
aliéner leurs terres, en faisant prêter à l'acquéreur
le serment de fidélité aux armes romaines, — et qu'ils
pouvaient transmettre leurs biens par succession,
mais aux héritiers mâles seulement. Eux seuls, en

effet, peuvent porter les armes, et hériter des devoirs de leur père envers la puissance romaine. —

Mais les Læti, malgré les avantages de leur condition, restaient Barbares, et ils ne pouvaient s'unir, par mariage, avec les Romains. — Cependant, un texte cité par Laferrière, nous dit que, du temps d'Honorius, des concessions de connubium avaient été faites à des Barbares. —

Entre eux, les Læti, d'après l'opinion de M. Giraud (Droit français au moyen-âge), formaient des communautés particulières, et suivaient certainement leurs coutumes nationales. — C'est d'après leurs lois qu'il fallait apprécier la validité des actes, opérant transmission de propriété, ou création d'obligations. —

DROIT FRANÇAIS.

De la condition civile des Étrangers, en Droit Français.

ANCIEN DROIT.

Ce n'est pas dans le Droit romain qu'il faut rechercher l'origine de la condition civile des étrangers en France. — C'est dans les forêts de la Germanie que nous trouverons le berceau des institutions qui, modifiées à travers les siècles par le progrès lent mais irrésistible de la civilisation, servent encore aujourd'hui à déterminer la condition des étrangers.

Comment s'expliquer que le Droit romain n'ait pas

exercé d'influence sur la législation propre aux étrangers? — L'explication est facile, si l'on songe que, par rapport aux barbares, les véritables étrangers étaient précisément les Romains, — ces Romains qui, après avoir lutté pendant des siècles contre le flot des barbares, durent enfin céder à leurs ennemis puissants et disciplinés! Il n'y a plus d'empire romain en Occident ; les Romains sont véritablement des étrangers, par rapport aux barbares vainqueurs. Comment supposer que, pour déterminer la condition des étrangers, les barbares aient choisi la législation de ces mêmes étrangers? — La vérité est que les Germains ont apporté, à la suite de leurs invasions triomphantes, les usages et les institutions de la Germanie. — Nous allons en avoir la preuve éclatante en étudiant successivement la condition de l'étranger chez les Germains, et cette même condition, en France, après l'invasion.

Il n'est pas douteux que, dès une époque fort ancienne, existaient en Germanie des associations de personnes, obéissant aux mêmes chefs, aux mêmes lois, unies entre elles par un lien de solidarité, et ne reconnaissant en dehors de l'association que des étrangers, sans droits, sans condition juridique. Toute personne qui n'appartenait pas à une de ces associations, et qui commettait au sein de l'une d'elles quelque méfait, s'exposait à de très-dures représailles. — Ne trouvant dans l'association aucun répondant qui voulut prendre sa défense, elle pouvait être mise à mort, plus souvent être vendue. Peregrinum qui patronum non habebat, vendebant saxones. Il paraît que ce droit rigoureux s'amenda peu à peu, même dans le système des associations. — L'homme libre qui avait reçu un étranger chez lui plus de trois nuits, était res-

ponsable de ses méfaits , — et débiteur du *wergeld*.
Mais l'amendement à la rigueur primitive s'arrêta à
la garantie de la vie et de la liberté de l'étranger, sans
aller jamais jusqu'à lui donner une part quelconque aux
droits de l'association. On peut affirmer que l'étranger
n'avait, dans l'association, ni le droit de porter les
armes, ni celui d'acquérir ou de transmettre par succession ou par testament.

Suivons l'invasion des Germains en France. Qu'ils
aient astreint le pays conquis à leurs usages et coutumes sur la condition de l'étranger, cela n'est pas
douteux. En Gaule, comme en Germanie, sont établies
des tribus ou associations , dont les membres, seuls
sont unis par un lien de solidarité, et ont seuls des
droits reconnus. — La propriété ne sort pas de l'association. — Cette idée de la persistance dans l'association des biens des différents associés est tellement
enracinée dans les mœurs des maîtres de la Gaule, que
Charlemagne, avant de diviser son Empire entre ses trois
fils, préoccupé des intérêts rivaux qu'allait faire naître
cette division, au point de vue de la propriété et des
moyens de la transmettre , Charlemagne décida formellement que la propriété pourrait désormais passer
d'un royaume à l'autre, comme si les sujets de ces
trois royaumes obéissaient au même chef. — Capitu-
laire de l'an 806. —

Une fois maîtres de la Gaule, les Germains se divi-
sèrent le pays conquis. L'époque des conquêtes était
passée ; — il fallait jouir en paix des fruits de la victoire.
Les guerriers deviennent propriétaires; ils vivent re-
tirés dans le lot qui leur est échu. — A côté des chefs
qui, par leur courage ou l'importance de leurs posses-
sions, ont un pouvoir, un ascendant supérieur, —

s'élèvent et grandissent d'autres chefs, tout puissants dans leurs fiefs, possédant des colons, des serfs, rendant la justice et contrebalançant quelquefois le pouvoir des Rois. — En un mot, la féodalité et la royauté coexistent, l'une à côté de l'autre, pouvoirs rivaux et jaloux, cherchant sans cesse à empiéter l'un sur l'autre, — jusqu'à ce que la royauté sorte triomphante des luttes longues et souvent indécises du moyen-âge! —

Pendant cette période de la féodalité, en quoi consiste la condition des étrangers. — Il y a deux sortes d'étrangers : 1° Ceux qui se trouvent dans une seigneurie à laquelle ils n'appartiennent pas; 2° ceux qui n'appartiennent à aucune seigneurie et qui sont nés dans tout autre pays que la France. —

Il est facile de comprendre que les étrangers de la première catégorie ont dû devenir de plus en plus rares, au fur et à mesure des progrès de la royauté, et de la dissolution de la féodalité. Il n'en est pas moins vrai que le seigneur dans le territoire duquel venait à mourir un étranger de la première catégorie avait sur la succession un droit de quatre deniers.

Mais, c'est surtout de la 2ᵉ classe d'étrangers que nous voulons parler. — C'est en étudiant leur condition rigoureuse et en signalant les adoucissements apportés à cette condition dans l'histoire de notre pays, que nous arriverons à bien comprendre et à bien établir la condition juridique des étrangers, sous le régime du Code civil. —

Nous n'insisterons pas sur l'origine du mot aubain, et nous adoptons très volontiers l'opinion qui fait dériver aubain des mots « alibi natus ». Cependant, signalons l'étymologie que le savant de Laurière assigne à l'expression aubain. Suivant lui, aubain viendrait du mot latin Albinus, qui voulait dire Ecossais.

Quoi qu'il en soit de l'origine du mot, était aubain, lato sensù, quiconque était né hors du territoire français. —

Il paraît que la condition de l'aubain était dans le principe des plus dures. Les seigneurs avaient sur l'étranger des droits fort étendus. Ils pouvaient le revendiquer comme des accessoires du fonds lui-même, le donner, le vendre, le livrer en échange. — Tel est le droit rigoureux. Les progrès croissants de la civilisation ont dû peu à peu apporter un tempérament à une condition si dure ; mais, ce qui a subsisté long-temps, — ce que la civilisation n'a pu effacer, ce que la Royauté elle-même n'a pu enlever aux seigneurs que pour se l'approprier, — c'est le droit de succession qu'avait le seigneur sur la terre duquel l'aubain venait à décéder. — En sorte que l'aubain se trouvait à peu près dans la condition du Latin Junien, en Droit romain. — Il vivait libre et mourait esclave. Absolu dès le principe, le droit d'aubaine subit des modifications au profit des enfants regnicoles de l'étranger. — Nous voyons déjà dans les établissements de Saint-Louis la maxime qui devait plus tard être généralement adoptée : Esclave ou aubain ne peut avoir héritier que son corps. — Dans le cas où l'étranger avait des enfants sur le territoire de la France, et des enfants hors du territoire, ces derniers profitaient de la faveur accordée aux premiers. A quoi bon exclure les enfants de l'aubain qui habitaient hors du territoire ? Leur exclusion n'aurait pas enrichi le fisc, qui était primé par les enfants regnicoles ! De même que l'aubain ne pouvait rien transmettre, ni rien recevoir par succession, — il ne pouvait non plus ni transmettre ni recevoir par testament. — Sur ce point encore, la rigueur primi-

tive se relâcha, et l'on permit à l'aubàin de tester jusqu'à concurence de 5 sols. Mais, — remarquons le
bien, si l'étranger ne pouvait pas par testament enlever au seigneur les biens situés dans la seigneurie, —
il pouvait très régulièrement disposer selon sa volonté
des biens situés hors du territoire. — Il ne lui était
pas défendu de faire un testament.

A côté de l'incapacité de transmettre ou de recevoir
par succession ou par testament, existaient contre les
Aubains d'autres droits fort gênants : droits de chevage
et de for mariage. — Le droit de chevage était une taxe
due par le chef de famille étranger, d'après un tarif fixé
par le seigneur. Le droit de for mariage était dû quand
l'étranger épousait une personne d'une condition supérieure à la sienne, ou une personne d'une autre
chastellenie, sans le consentement du seigneur. — Nous
trouvons là, au début de la civilisation française, ce
que nous avons remarqué au début de la civilisation
romaine, — nous trouvons cette idée entièrement fausse
que le mariage, dans certaines conditions, est un véritable privilége pour certaines personnes. —

Nous avons dit que la condition de l'Aubain se rap-
prochait assez exactement de celle du Latin Junien.
Pour nous servir d'expressions dont le sens nous est
bien connu, — l'Aubain avait le commercium, sa vie
durant ; il avait de plus le factio testamenti, en ce qui
concerne les biens situés en dehors du territoire. —
C'est en quoi il diffère du Latin Junien. — Mais,
comme le Latin Junien à Rome, l'Aubain dans l'ancien
droit ne pouvait pas transmettre par succession ou par
testament les biens situés en France. — Nous savons
qu'il fut apporté des exceptions à ces principes rigoureux ; — nous n'y reviendrons pas. —

Recherchons quelle était la condition de l'Aubin, sa vie durant, et de quelle façon il faut entendre, par rapport à lui, *l'attribut du commercium*. C'est ici qu'il convient de placer l'influence des Parlements, dont la jurisprudence peut être considérée comme un des grands monuments du Droit, avant 1789. — Les jurisconsultes des Parlements, fortement imbus de notions de droit romain, pleins d'admiration pour une législation si savante et si pénétrante, se sentirent naturellement entraînés à en faire l'application dans leurs arrêts, application plus souvent aveugle qu'intelligente, car elle ne tenait pas compte des différences qui séparaient la société romaine de la société française. Nous constatons un fait, c'est que les arrêts des Parlements sur la condition des étrangers en France s'inspirèrent du droit romain. La distinction toute romaine des actes du droit civil, et des actes du droit des gens parut aux Parlements d'une simplicité extrême et d'une rigoureuse équité. Ils s'emparèrent de cette distinction et l'appliquèrent aux étrangers. L'étranger put faire en France les actes du droit des gens, et non les actes du droit civil. Pour citer quelques exemples, — l'étranger ne put laisser ni succession ni testament, ou recevoir à ce titre; la puissance paternelle, l'adoption lui furent inaccessibles. — Mais il pouvait fort bien s'engager par vente, échange, hypothèque, donation entre vifs, ester en justice pour réclamer ses droits, ou pour accomplir ses obligations. — Quant à la donation à cause de mort et à l'institution contractuelle, — l'étranger ne pouvait y participer, — parce que l'effet de ces actes se réalisait à une époque où il n'avait plus de condition juridique, à l'époque de sa mort. C'est toujours la reproduction de la maxime célèbre, qu'il vivait libre et mourait esclave. —

Il ne faudrait cependant pas croire que la condition de l'Aubain, pendant sa vie, fût identiquement la même que celle du Français. — Des différences importantes existaient au contraire entre ces deux conditions. Nous ne ferons pour le moment que les indiquer, — nous réservant de les étudier en détail dans la partie doctrinale de notre travail. — 1° L'étranger demandeur ne pouvait assigner un Français devant un tribunal français, qu'en lui fournissant préalablement la caution judicatum solvi. C'est une question discutée de savoir si la caution était due également au défendeur étranger. — Nous pensons que, dans l'ancien Droit, on se préoccupait beaucoup plus, en notre matière du moins, de créer au défendeur Français un avantage, que d'assurer à la justice l'exécution de ses arrêts. — En conséquence, nous ne croyons pas qu'un défendeur étranger pût contraindre à fournir la caution judicatum solvi, le demandeur étranger. — Cette première obligation du demandeur étranger tombait, quand il avait en France des biens suffisants pour la garantie due au défendeur Français, — ou bien quand l'affaire, qui faisait l'objet du procès, était une affaire commerciale. — 2° L'étranger était soumis à la contrainte par corps, — et il ne pouvait s'y soustraire, en faisant cession de biens. — 3° L'étranger ne pouvait remplir aucune fonction publique. — 4° Enfin, certains jurisconsultes soutenaient que l'étranger ne pouvait pas invoquer la prescription. —

Bien que le droit d'aubaine embrassât toutes ces incapacités, — il est d'usage de n'exprimer par ce mot que l'incapacité principale, l'incapacité de transmettre ou de recevoir par testament ou par succession. — On conçoit que cette incapacité fut de beaucoup la plus

lourde pour les étrangers, et qu'elle contribua fort peu
à attirer en France l'étranger et ses richesses, puisque
ces richesses ne devaient pas revenir dans la famille
de l'étranger, et qu'elles étaient destinées à grossir le
trésor du roi. L'égoïsme du roi le céda quelquefois
pourtant aux besoins des peuples; c'est en faveur de
ces besoins impérieux que furent rendues, dès le
XVᵉ siècle, des ordonnances tendant à amender la rigueur du droit primitif contre les étrangers. —

Le commerce, l'industrie, l'armée, les Universités
demandaient leurs progrès à l'abolition de cette gênante
entrave que leur imposait le maintien du droit d'aubaine. — Le commerce dut, sans aucun doute, des
progrès réels à l'exemption du droit d'aubaine pour
les étrangers qui fréquentaient nos ports de commerce, et nos grandes foires de Champagne et de
Lyon. Restreinte d'abord à quelques villes, où à quelque personnes privilégiées, — cette faveur fut étendue,
en 1579 à tout marchand étranger. « Le droit d'aubaine n'a lieu *ès biens meubles de tout marchand
étranger*, qui est venu en France, pour y trafiquer
et y est décédé. » Ainsi, la mesure générale prise en
1579 laissait pourtant sous l'empire du droit commun
les immeubles possédés par l'étranger, et les étrangers
qui n'étaient point marchands. De son côté, l'industrie fut favorisée, par l'exemption du droit d'aubaine
qui fut accordée aux ouvriers étrangers qui apportaient
leur talent aux manufactures des Gobelins et de Beauvais. — Les écoles avaient lomgtemps souffert du
droit d'aubaine qui pesait sur les étudiants étrangers,
et leur imposait un éloignement très légitime ; la pros-
périté de nos écoles dut prendre un développement
nouveau, quand les étrangers furent affranchis du

droit gênant qui leur fermait la porte de nos cours.
Enfin, les rangs de l'armée française s'ouvrirent aux
étrangers, désireux de partager la gloire de nos armes.
Il n'était pas juste que les étrangers, qui faisaient à la
France le sacrifice de leur vie, fussent soumis au droit
d'aubaine. Et cependant, c'est seulement à dater de
1715 que l'on peut affirmer positivement l'affranchissement du droit d'aubaine pour les étrangers engagés
dans l'armée française ; — mais ils n'obtenaient cet
affranchissement qu'à deux conditions : 1° ils devaient
être catholiques, 2° ils devaient faire au greffe du pré-
sidial une déclaration par laquelle ils s'engageaient à
demeurer, vivre et mourir dans le royaume. —

Rappelons ici que, même en dehors de ces catégories
privilégiées, — la condition de l'étranger avait été
adoucie, — en ce sens que le droit d'aubaine n'était
pas exercé, quand l'étranger avait des enfants regnicoles. Ajoutons que des mesures financières, dans le
but d'attirer en France les capitaux étrangers, affran-
chirent du droit d'aubaine les rentes sur l'Etat, ache-
tées par les étrangers. — Enfin, un moyen ouvert à
tous les étrangers de se soustraire au droit d'aubaine,
était d'obtenir des lettres de naturalisation. Ces lettres
une fois obtenues, au prix d'une taxe fixée par des ordonnances de Louis XIII et de Louis XIV (1039 —
1046 — 1056) l'étranger jouissait des droits civils,
comme le Français lui-même, si ce n'est qu'il ne pouvait exercer certaines fonctions élevées, comme celles
d'évêque.

A mesure que nous approchons de la mémorable
Révolution de 1789, qui mit fin à tous les priviléges
et à tous les droits régaliens et féodaux, il est juste de
constater que les rois et les souverains, cédant au

souffle nouveau, et aux idées nouvelles qui parcòu-
raient l'Europe, avaient devancé la Révolution, en si-
gnant des traités qui stipulaient l'abolition réciproque
du droit d'aubaine, entre les deux nations contractantes. — Dans ces sortes de contrats, le roi de
France a coutume de se réserver un certain droit
de 10 ou même de 20 0/0, appelé droit de détraction,
sur les successions recueillies en France par un
étranger.—

Avant d'aborder la condition de l'étranger sous la
Révolution française, — résumons en quelques mots
leur véritable condition, au moment de ce grand évé-
nement.

Dans les pays de droit écrit, où les traditions romaines se sont conservées, il ne faut point parler du
droit d'aubaine.

Dans les pays du droit coutumier, le droit d'aubaine a reçu des coups mortels, par l'exemption suc-
cessive accordée à certaines catégories d'étrangers, et
par la conclusion de traités internationaux où ce droit
était formellement supprimé en faveur des deux nations
contractantes. Que restait-il à faire ? Il restait à géné-
raliser un affranchissement déjà très largement distribué ; il restait à affirmer cet affranchissement non
pas dans un traité international, fragile et éphémère,
non pas dans un traité dont l'observation rigoureuse
dépend trop souvent du bon plaisir des rois et des souverains, mais dans une loi votée par les représentants
de la nation, respectée des souverains et placée au-
dessus de leurs caprices. — C'est à la Révolution
française que devait revenir l'honneur de proclamer
l'affranchissement du genre humain. —

6

RÉVOLUTION FRANÇAISE.

Avec la Révolution française commence une ère nou
velle de liberté politique et civile. Si les trônes des
rois sont ébranlés par la secousse dont la France donne
le signal, les droits des peuples, au contraire, sont
proclamés, et leurs destinées séparées de celles des
souverains. La France ne connaît plus de frontières,
et, dans un mouvement d'admirable grandeur, convie
tous les peuples à la participation de ses droits. —
Plus de droit d'aubaine, plus de droit de détraction!
L'étranger peut librement venir sur notre terre hospi-
talière, y fonder des établissements durables, et ré-
partir, selon ses affections, sa fortune à des étrangers
ou à des Français. Cette liberté de l'étranger, cette participation à nos droits civils n'est pas seulement écrite
dans la loi; elle est proclamée dans les constitutions
de 1791 et de l'an III, dans ces actes publics qui ont
pour but de fonder des institutions durables, et auxquels
on s'interdit de toucher le moins possible. Mais, on
le sait, si la Révolution de 1789 a donné le signal d'une
ère de liberté et d'émancipation, elle a également
ouvert la carrière, dans notre malheureux pays, à des
discordes périodiques sanctionnées par des constitutions
nouvelles! La condition des étrangers a ressenti le
contre-coup de nos convulsions politiques; c'est ce
qu'il nous est, hélas! trop facile de démontrer.

C'est le Code civil qui réagit contre les tendances
philanthropiques des premières assemblées de la Révolution. Mais avant le Code civil, nous voyons une loi
de ventose an V, rétablir contre les étrangers la contrainte par corps un instant supprimée par la Conven-

tion nationale en 1793.—Arrivons à la rédaction du Code civil. Dans les différentes assemblées qui concouraient à la rédaction des lois civiles, nous entendons un langage inaccoutumé. Ce ne sont plus ces belles dissertations de la Constituante sur l'union des peuples, et sur la participation de tous à nos droits civils; des idées de défiance font place aux sentiments de fraternité. Après avoir été prodigues de nos droits, nous voilà redevenus avares de ces mêmes droits. D'où vient ce changement? — Les puissances étrangères, après avoir puisé à pleines mains dans le trésor de nos droits et de nos libertés avaient répondu à nos bienfaits par l'ingratitude, et à nos essais d'affranchissement universel par la coalition. — Aussi, le législateur, au moment de déterminer la condition de l'étranger, en France, se montra-t-il très prudent et très circonspect. Sans entrer, dès à présent, dans l'explication des dispositions légales, — applicables aux étrangers, disons que l'idée dominante du législateur est, *non pas de rétablir le droit d'aubaine supprimé par la Révolution,* mais de subordonner la concession des droits civils, à la condition d'une concession analogue pour les Français, en pays étranger. Ces explications ne suffisent certainement pas pour l'intelligence des articles consacrés à la condition des étrangers; — constatons, pour le moment, le système de réciprocité établi par le Code civil. —

ROYAUTÉ CONSTITUTIONNELLE.

Au début de cette période, nous trouvons une loi fort importante sur la condition des étrangers. — C'est la loi de 1819 qui a supprimé les articles 726 et 912 du

Code civil, et le système de réciprocité qu'ils établissent, pour y substituer la concession libérale du droit de recevoir par succession, donation et testament. — Si la loi de 1819 a fait concession à l'étranger du droit de transmettre et en même temps du droit de recevoir, — il ne faudrait pas croire cependant qu'elle ait innové, sur le premier point : — elle n'a fait qu'exprimer clairement des idées adoptées par le législateur du Code civil, mais un peu confuses dans la rédaction. Oui, sous l'empire du Code civil, l'étranger avait le droit de transmettre par succession, donation et testament ; — la capacité de recevoir, qu'il n'avait pas, la loi de 1819 la lui a donnée. La loi de 1819 s'appliquera sans difficultés, quand les biens à partager seront tous en France, sous l'empire de la loi française. Mais, s'il y a des biens situés à l'étranger et des biens situés en France, il résulte de la loi de 1819 que l'héritier français exclura l'héritier étranger sur les biens situés en France, pour une portion égale à celle qui lui est refusée par la loi étrangère.

Nous aurons bientôt l'occasion d'examiner les difficultés nombreuses auxquelles la loi de 1819 a donné lieu ; — pour le moment, nous nous contentons de noter les événements qui ont influé sur la condition des étrangers, afin d'avoir une idée générale de cette condition, avant d'aborder l'étude des détails. —

Continuons notre résumé historique, et arrivons à la Royauté de Juillet. — Nous trouvons, en 1832, une loi sur la contrainte par corps, où nous lisons, notamment, que l'étranger ne peut être soumis à la contrainte par corps, pour une somme inférieure à 150 fr.

RÉPUBLIQUE FRANÇAISE.

La Révolution de 1848, comme la Révolution de 1789, suspendit quelque temps l'exercice de la contrainte par corps. (Décret du 9 mars 1848), Une loi de la même année (13-16 décembre 1848) rétablit l'exercice de la contrainte par corps qui vécut jusqu'en 1867. Signalons, en passant, l'importante loi des 13-21 novembre, 3 décembre 1849, sur la naturalisation et le séjour des étrangers en France.

EMPIRE.

Nous devons à l'Empire deux lois importantes se rapportant à notre matière, — l'une abrogeant la contrainte par corps, contre le français et l'étranger, en matière civile et commerciale, — l'autre réduisant à trois ans le délai de dix ans nécessaire, pour parvenir à la naturalisation, à partir du jour où l'étranger majeur a obtenu du gouvernement l'autorisation de résider en France.

————

Nous avons parcouru, dans ce très court résumé, la condition de l'étranger en France, aux différentes époques de notre histoire. Sans droit aucun, dès le début dans le système des tribus germaines, assimilé au serf dans notre ancienne France, dépouillé en mourant, au détriment de sa famille, par le seigneur d'abord et par le roi ensuite, — l'étranger n'eût de

condition bien définie que sous l'influence des Parlements. — Avec les Parlements, reparaît le Droit romain, et l'antique distinction du droit civil et du droit
des gens. — Si le droit civil est fermé à l'étranger, —
le droit des gens lui est ouvert. — Le droit d'aubaine
reste debout, et reçoit des Parlements une énergique
sanction. Cependant, quelques rois, portant leurs
préoccupations au-delà de leurs intérêts, exemptent
du droit d'aubaine les étrangers qui apportent leur
concours dans nos foires, dans notre commerce, dans
notre industrie et dans notre armée. — Enfin, surtout
au XVIIIᵉ siècle, sous l'Empire des diverses écoles phi-
losophiques, le peuples et les rois se rapprochent;
des traités sont conclus, qui exemptent du droit d'aubaine les sujets des souverains contractants. Survient
la Révolution de 1789; — à son apparition, tombent
pour ne plus se relever les droits régaliens et féodaux.
Notre droit civil est désormais ouvert à l'étranger.
Soumise par le Code civil à une condition de réciprocité, cette participation à notre Droit est de nouveau
très largement concédée par la royauté constitution-
nelle. C'est une loi de 1819 qui régit l'importante matière des successions, des donations et testaments, en
ce qui concerne les étrangers.

Enfin, nous avons vu, dès une époque fort ancienne, les étrangers assujettis à la contrainte par corps.
Cette dernière rigueur a, elle aussi, subi les vicissi-
tudes de nos Révolutions, tantôt abolie, tantôt relevée,
quelquefois adoucie, enfin supprimée par une loi du
second Empire, votée en 1867!

DROIT ACTUEL.

—

Avant tout, limitons bien le sujet à l'étude duquel nous consacrons la seconde partie de notre travail. Nous ne voulons examiner ici que la condition civile des étrangers en France, en d'autres termes, la condition des étrangers, au point de vue des droits privés, — laissant de côté les questions nombreuses et intéressantes, qui se rapportent au droit public, au droit pénal, et au droit des gens.

Quelle est donc la condition civile des étrangers en France ? Quels sont les droits civils dont ils jouissent ?

Sur cette question délicate, il importe d'établir une théorie générale, avant de passer à l'étude des détails.

Trois systèmes principaux ont été proposés par des jurisconsultes également considérés, sur le point de savoir quels sont les droits civils dont jouit l'étranger.

Le premier, savamment développé par M. Demolombe, n'accorde à l'étranger que les droits privés dont il a reçu la concession expresse ou tacite d'un législateur. Cette idée d'une concession législative « ne » porte point, dit M. Valette, le cachet de la pratique » ancienne, et n'apparaît pas davantage dans la » rédaction du Code civil. » — D'un autre côté, MM. Aubry et Rau reprochent au système de M. Demolombe de laisser un vaste champ ouvert à la controverse « parce qu'il ne fournit par lui-même aucun » moyen de reconnaître quels sont les droits tacitement » accordés aux étrangers, et qu'on se trouve ainsi ré-

» duit à errer dans le vague et à chercher dans un
» autre ordre d'idées la solution de la difficulté. »

Le second système adopté par MM. Demangeat et
Valette est tout-à-fait la contre-partie du premier. Il
accorde à l'étranger tous les droits civils dont il n'est
pas exclu par une disposition formelle de la loi. — Ce
second système sera mieux réfuté, quand nous con-
naîtrons un troisième système, enseigné par MM. Aubry
et Rau, et suivi par la jurisprudence. —

Ce dernier système fait une distinction entre le droit
des gens et le droit civil. L'étranger jouit, en principe,
du droit des gens, comme le Français lui-même ; —
mais il ne pourra invoquer les droits civils, que sous
la condition de l'art. 11, c'est-à-dire sous les conditions
d'un traité diplomatique ou d'une loi politique, qui lui
confèrent la jouissance de ces droits. Nous adhérons à
ce système, par les deux raisons suivantes : 1° Il a pour
lui le Droit romain et l'ancien Droit français ; 2° rien
n'indique, dans les travaux préparatoires que les rédacteurs du Code civil aient voulu innover.

Et d'abord, il est certain que la distinction entre le
droit civil et le droit des gens a été faite par les légis-
lations anciennes. — C'est ainsi que nous avons vu le
Droit romain refuser au Peregrinus le connubium, la
puissance personnelle, l'aguatio, la tutelle, la testamenti factio, le dominium ex jure Quiritium, — tandis
que la même législation consacre, au profit du Peregrinus, le mariage, la propriété du droit des gens,
proclame que tous les contrats (à part la vieille forme
de contracter spondes-ne) peuvent être régulièrement
faits par le Peregrinus. —

D'un autre côté, l'ancien Droit français, à l'époque
où, sous l'influence des Parlements, la science du droit

se dégage des ténèbres de la barbarie, l'ancien. Droit
français rétablit la distinction entre le Droit civil et le
Droit des gens. — ..... Mais, dit-on, la distinction, établie par les Parlements, a été par eux mala-
droitement copiée dans le Droit romain, dans leur
admiration aveugle pour les anciens jurisconsultes ....
A cette objection, nous répondrons qu'il ne s'agit pas
de savoir si la reproduction de Droit romain a été ma-
ladroite, mais de savoir si elle a eu lieu. Or, ce dernier point ne saurait être contesté. — On ne peut pas
dire avec plus de raison que la distinction des Parlements ne se soit pas maintenue jusqu'à la Révolution
française, et qu'elle n'ait pas fini, en quelque sorte, à
prendre racine dans notre pays.

La Révolution arrive. On sait qu'il n'y a plus à distinguer entre le droit civil et le droit des gens, et que
l'étranger peut jouir, en France, des droits civils,
comme le Français lui-même. — Mais l'exemple de la
Révolution française fut-il imité par les autres nations?
Nullement. — Aussi, une vive réaction se fait-elle
sentir contre les concessions inopportunes de l'Assem-
blée constituante.

Nous ne craignons pas de dire que le Code civil a consacré cette réaction. — Veut-on savoir l'esprit dans lequel le Code civil fut rédigé ?—Qu'on se reporte aux travaux préparatoires, et qu'on lise attentivement les discours de Boulay de la Meurthe, de Siméon, de Gary : on y
verra les tendances des rédacteurs de la loi civile, et
on acquerra la preuve que leur intention n'a pas été
d'adopter le droit de la Révolution française, sur la
condition des étrangers : « Ce qui caractérise essen-
» tiellement le droit civil, disait Siméon, c'est d'être
» propre et particulier à un peuple, et de ne point se

» communiquer aux autres nations. Au contraire, les
» effets du droit naturel se communiquent partout à
» l'étranger, comme au citoyen. Pour en jouir, il n'est
» pas nécessaire d'être membre d'une certaine nation
» plutôt que d'une autre : il suffit d'être homme — »

.... « Et plus loin : Si les étrangers ne peu-
» vent réclamer les droits qui naissent de la loi civile,
» *tels que* ceux de succession et de testaments, ils
» peuvent tout comme les citoyens, exercer les actions
» qui descendent des contrats. » —

Nous pourrions faire d'autres citations qui prouveraient toutes très clairement que les tendances des rédacteurs du Code civil ont été peu favorables aux étrangers. — Jamais, la formule générale qui les guidait dans
leurs travaux n'a été celle-ci : L'étranger jouira en
France des droits civils qui ne leur ont pas été formellement refusés.

Mais, nous dit-on dans le second système, si la distinction entre le droit des gens a passé dans le Code
civil, — ne voit-on pas que cette distinction, pleine de
vague et d'incertitude, « sera une cause permanente
d'embarras pour les jurisconsultes et pour les tribunaux ». — Nous répondrons que cette objection nous
touche peu. — Nous avons la certitude que cette distinction, qui n'avait pas arrêté les jurisconsultes romains, le préteur et les parlements, n'arrêtera pas davantage les célèbres jurisconsultes de nos jours et nos
magistrats dont la science, aidée par une longue expérience, a triomphé de difficultés plus redoutables !

C'est ainsi que les tribunaux, dans la question que
nous agitons, devront distinguer encore aujourd'hui
le droit civil et le droit des gens. — Cette distinction
n'est-elle pas d'ailleurs facilitée par la loi elle-même ?

La loi nous dit, en effet, que l'étranger peut contracter un mariage valable (art. 12) qu'il peut s'obliger valablement, et obliger les autres envers lui (art. 14 et 15) qu'il peut-être propriétaire (art. 3). — Voilà des exemples pris assurément dans le droit des gens. — Que restera-t-il à faire, quand se présentera un cas nouveau, non prévu par la loi? Faudra-t-il, ainsi que le veut M. Demolombe, en refuser la jouissance à l'étranger? Non, sans doute. Il faudra rechercher si ce cas peut-être rapproché de ceux que la loi a prévus, s'il appartient au droit des gens, ou plutôt au droit civil. — Ce travail, nous le ferons nous-même, quand nous étudierons les détails de la condition des étrangers. —

En comparant les cas de droit des gens étendus par le Code civil aux étrangers, à ceux qui étaient réglementés, par rapport aux mêmes personnes, par le Droit romain, et l'ancien Droit français, — nous remarquons que la condition de l'étranger s'est améliorée sous l'influence des progrès du droit des gens. — Le Droit romain avait fait du justum matrimonium une institution du droit civil, propre aux citoyens romains seuls. — Le Droit français, au contraire, comprenant la véritable nature du mariage, le met indistinctement à la portée des Français et des étrangers. — Nous pourrions citer d'autres exemples qui nous prouveraient très clairement que le droit des gens est loin d'être invariable, et que le devoir du législateur est de tenir compte de ses progrès, ainsi que l'ont fait, mais trop timidement, les rédacteurs du Code civil. — Les savants jurisconsultes, dont nous avons adopté l'opinion, MM. Aubry et Rau disent avec raison : « Dans » notre pensée, le droit des gens n'est pas un droit stationnaire, mais un droit essentiellement progressif? »

Les rédacteurs du Code civil ont fait cependant une exception à la règle par laquelle l'étranger pouvait invoquer le droit des gens, comme le Français lui-même. — La donation entre vifs est certainement du droit des gens. Et cependant, l'art. 912 s'oppose à ce que l'étranger puisse recevoir par donation, — s'il ne peut invoquer un traité international d'où ce droit découle pour lui. — Mais, cette exception unique au système général de capacité de l'étranger ne peut-elle pas être victorieusement opposée à l'opinion des jurisconsultes qui, en principe, donnent à l'étranger tous les droits civils, — et qui exigent une exclusion formelle du législateur, pour lui refuser la jouissance de tel droit civil déterminé ? — Vous soutenez, peut-on leur dire, que l'intention du législateur a été de mettre à la portée de l'étranger tous les droits civils, — quand ce même législateur va jusqu'à leur refuser le droit des gens, dans un cas particulier ! Comment peut-on expliquer l'art. 912 ? — C'est une exception à la règle générale de la capacité de l'étranger. Mais en quoi consiste cette règle générale ? Elle consiste en ce que l'étranger peut invoquer le droit des gens, et non le droit civil.

En vain, le second système invoquerait-il le droit qui a été étendu à l'étranger de transmettre et de disposer par succession ou par testament !

C'est là, tout simplement, la consécration de l'abolition du droit d'aubaine. — Oui, il est vrai de dire que l'étranger n'est plus frappé du droit d'aubaine, en mourant. — Oui, l'étranger peut avoir *des héritiers français*, — et ces héritiers excluront l'État.

Mais, cette consécration de la conquête de 1789, — contre laquelle personne n'aurait osé se lever, prouve-

t-elle que l'étranger jouit en France des droits civils?
— Et ne peut-on pas dire, avec plus de raison, que
c'est là précisément une application de la règle, qui
n'accorde à l'étranger les droits civils que sous les conditions d'un traité ou d'une loi? La loi, dans notre
hypothèse, c'est le Code civil, art. 726.

S'il était vrai de dire que l'étranger jouira de tous
les droits civils qui ne lui ont pas été formellement refusés — que deviendrait l'art. 11, après la loi de 1819
(14 juillet) qui abolit en faveur de l'étranger l'incapacité de recueillir par succession, donation ou testament?
L'art. 11 n'aurait plus aucun objet, si l'application devait en être subordonnée à des textes spéciaux. — Or,
dans l'exposé des motifs de la loi de 1819, — le garde
des sceaux se pose précisément la question de savoir
si l'abrogation des art. 726 et 912 du Code civil doit
entraîner celle de l'art. 11. — Le garde des sceaux dit
formellement : « On n'y a vu aucun avantage. » —
Donc, le principe est bien celui-ci : C'est que, loin de
jouir des droits civils qui ne lui ont pas été expressément refusés, — l'étranger ne jouit des droits civils
que sous les conditions de l'art. 11. — Cet article 11
subsiste toujours, malgré la loi de 1819. Dès que
l'étranger voudra invoquer un droit civil, en principe
nous lui en refuserons la jouissance, sans que nous
ayons à rechercher si la loi a prononcé une exclusion
formelle. Ce n'est que par exception, dans le cas d'un
traité ou d'une loi politique, et sous les conditions du
traité et de la loi, que l'étranger deviendra capable au
point de vue du droit civil. — Mais, en ce qui concerne
le droit des gens, notre formule est toute différente :
l'étranger peut invoquer le droit des gens, absolument
comme le Français lui-même. Cette formule est rigou-

rousement exacte, depuis la loi de 1819 qui a abrogé
en faveur de l'étranger l'incapacité de recevoir par
donation.

———

Nous avons dit que nous n'aborderions pas l'étude
des détails, sans avoir posé les règles générales qui
dominent cette matière.

1° Des considérations que nous venons de présenter
il résulte que l'étranger, en France, jouit du droit des
gens, et ne peut être appelé à jouir du droit civil que
par un traité ou une loi politique. —

2° C'est la loi étrangère qui règle l'Etat et la capacité de l'étranger en France. Ce n'est pas qu'il y ait un
texte positif dans le Code civil. Mais, d'après Merlin,
« Du principe que les lois françaises concernant l'Etat
et la capacité des personnes régissent les Français
même résidant en pays étranger, il suit tout naturellement que, par réciprocité, les lois qui régissent l'Etat
et la capacité des étrangers les suivent en France, et
que c'est d'après ces lois que les tribunaux français
devront juger s'ils ont ou n'ont pas tel Etat, s'ils sont
capables ou incapables. » —

3° Les lois d'ordre public et de sûreté générale
s'appliquent à tous ceux qui habitent le territoire français. — Ce serait une erreur de croire que l'étranger
est tenu de respecter seulement les lois pénales, et qu'il
a payé sa dette envers le pays qui lui donne asile, en
respectant la propriété et la liberté individuelle d'autrui.
Ainsi que nous le verrons, les lois civiles renferment

des principes d'ordre public, devant lesquels la loi personnelle de l'étranger devra abdiquer. —

4° Les biens de l'étranger, en France, sont régis par la loi française. — Pour le moment, nous ne faisons pas de distinction entre les meubles et les immeubles ; mais nous verrons qu'une distinction sera nécessaire, quand il faudra liquider la succession de l'étranger. A part cette exception, — les biens de l'étranger seront soumis à toutes les dispositions de nos lois, qui concernent la distinction des biens, la nature et les effets de la possession, les droits ou les démembrements et les charges dont chaque espèce de bien est susceptible, les modes d'acquisition ou de transmission, les causes de perte ou d'extinction, ainsi que les voies d'exécution dont les liens peuvent être l'objet. —

5° La règle locus regit actum doit servir à apprécier la validité, et les conditions des actes faits par l'étranger, en France. Cependant, il ne faudrait pas que l'interprétation de leurs actes, d'après les lois françaises, pût porter atteinte à la liberté des conventions.

C'est la combinaison de ces règles qui va nous permettre d'établir la véritable condition de l'étranger en France.

Nous suivrons dans cette étude l'ordre que nous avons déjà suivi, en étudiant la condition du Peregrinus, en Droit romain ; — nous examinerons la condition de l'étranger au triple point de vue des droits de famille et de succession, des droits réels et des droits personnels.

I.

DROITS DE FAMILLE ET DE SUCCESSION.

Prenons l'étranger dans l'enfance et suivons les variations que subit sa condition jusqu'à sa mort, en nous plaçant dans les diverses situations de la famille.

Puissance paternelle. — I. Du moment que le mariage est considéré comme appartenant au dorit naturel, — la puissance paternelle, qui est son principal attribut, ne saurait avoir une nature différente. Les preuves de la paternité et de la filiation légitime ou naturelle seront faites suivant les règles de la loi étrangère. Ces rapports une fois bien établis, s'ils sont contestés, — l'enfant étranger sera soumis à la puissance paternelle de ses père et mère. Mais, pour déterminer quelles seront les limites de cette puissance, il faut combiner ensemble deux principes qui nous sont déjà connus, la règle qui veut que la loi étrangère accompagne l'étranger en France, et celle qui soumet l'étranger comme le Français aux lois d'ordre public. — C'est ainsi que l'application de la loi étrangère déterminera les droits et les devoirs du père envers l'enfant ou réciproquement; — mais, si cette loi donnait au père des droits que réprouvent la morale et la civilisation française, — la loi française reprendrait son empire, pour protester contre l'usage de droits barbares que l'étranger n'a pas craint de faire en France, et pour le soumettre, s'il y avait lieu, à nos tribunaux criminels.

Mais, une question importante est celle de savoir si le père étranger peut invoquer en France le droit d'u-

sufruit légal sur les biens de l'enfant? Les auteurs, qui
se sont prononcés sur cette question, ont voulu rame-
ner l'usufruit légal, les uns à l'idée du statut personnel,
les autres à l'idée du statut réel. — L'usufruit légal
implique-t-il une question d'état, de capacité, soit
pour le père, soit pour l'enfant? Non, puisque, abstraction faite du droit d'usufruit, les rapports du père
et de l'enfant ne continuent pas moins à être les mêmes.
L'usufruit légal implique-t-il une question de statut
réel? Pas davantage. Car, il ne s'agit pas principalement de savoir quelle est la condition, la manière
d'être de la propriété, en France; il ne s'agit pas de
savoir si la propriété peut être ou non grevée de tel
droit déterminé, abstraction faite de toute idée de personnes. — Il s'agit, au contraire, de savoir si telle
personne déterminée peut avoir tel droit déterminé,
sur les biens situés en France. — Si l'idée de personne accompagne l'idée d'usufruit légal, on ne peut
voir là ni le statut réel, qui s'occupe principalement des
choses, ni le statut personnel qui s'occupe principalement des personnes. — Il faut voir dans l'usufruit légal
un droit particulier, de création purement légale, que
la loi française a donné au père français sur les biens
de l'enfant, comme une rémunération des soins qu'il
prodigue à l'enfant et à ses biens. — Si l'usufruit légal
ne peut être attribué au père étranger, en France, ni
en vertu du statut personnel, ni en vertu du statut
réel, ni enfin en vertu du droit des gens, — ce droit
ne lui sera donné, comme les autres droits civils qu'en
vertu d'un traité ou d'une loi politique.

Tutelle. — II. L'enfant étranger a perdu ses pro-
tecteurs naturels; de quelle manière pourra-t-on les
remplacer? En un mot, y a-t-il lieu de déférer la tu-

7

telle ? à qui et d'après quelles règles sera-t-elle déférée ?
En principe, c'est la loi étrangère qui doit résoudre
toutes ces questions. Un arrêt de la cour de Bastia du
8 décembre 1863 a parfaitement établi les idées qui
dominent cette matière : « D'après les principes géné-
» raux du droit international, tout ce qui tient aux tu-
» telles dépend du statut personnel, *lequel statut*
» *suit en tous lieux la personne et continue de la*
» *régir même en pays étranger.* »

Mais si un mineur étranger se trouvait par hasard
en France sans protection, c'est une opinion, affirmée
par des arrêts, que la loi française a le droit d'intervenir pour donner à ce mineur un tuteur provisoire. A
ce sujet l'arrêt précité de la cour de Bastia dit formellement : « Si par la force même des choses, dans des
» cas très rares et pour ne pas laisser un instant sans
» protection les intérêts des mineurs étrangers devenus
» orphelins sur la terre de France, les tribunaux fran-
» çais ont ordonné des mesures urgentes accidentelles
» et purement provisoires, — ils doivent s'abstenir
» toujours, quand il s'agit de prendre des décisions
» auxquelles on ne peut s'empêcher de donner un
» caractère principal et définitif »

Le droit pour nos tribunaux de prescrire des mesures
provisoires a son fondement dans le devoir qui leur est
confié de veiller au maintien de l'ordre public. — Il
est donc vrai dire aujourd'hui, avec Gaius : Id naturali
rationi conveniens est, ut is, qui perfectæ ætatis non sit,
alterius tutelà regatur. » C. I. § 189.

Mais si l'étranger peut recevoir un tuteur en France,
pourrait-il lui-même être tuteur ? Il est impossible, à
notre avis, de permettre à l'étranger d'être tuteur
selon les règles de la loi française, car la tutelle est

une fonction publique , que les Français seuls peuvent remplir. Bastia, 5 juin 1838. — Notre système , cependant , entraîne des conséquences quelquefois iniques. Que l'on suppose un enfant mineur dont la mère est morte, et dont le père s'est fait naturaliser en pays étranger! Il y a lieu à la tutelle du père. Mais, dans notre hypothèse, le père est étranger , donc, il ne peut pas être tuteur de son enfant. — Nous le répétons, c'est là une conséquence inique de notre système, qui est bien, selon nous, celui du législateur. — Que va-t-il arriver? — C'est que l'enfant mineur sera toujours soumis à la puissance paternelle de son père devenu étranger, — et que le patrimoine de l'enfant sera administré par un tuteur français! Empressons-nous d'ajouter que l'on rencontrera très-rarement, dans la pratique, le cas d'un enfant mineur n'appartenant pas à la nation de son père. — Voilà pourquoi l'objection que l'on tire contre notre système des conséquences mêmes où il conduit, nous semble n'avoir pas une grande portée.

Revenons au mineur étranger qui a reçu un tuteur dans les conditions de sa loi personnelle. — Quelles seront les garanties de ce mineur contre la mauvaise administration de son tuteur? — Il faut répondre qu'il appartient à la loi étrangère de créer les garanties qui sont dues au mineur. — Une grande difficulté s'élève sur le point de savoir si le mineur pourra invoquer, en France, une hypothèque légale sur les biens du tuteur. — Les auteurs sont divisés sur cette question. Les uns prétendent que le statut réel gouvernant tous les immeubles situés en France, les biens d'un étranger sont soumis à toutes les charges créées par la loi, soit dans l'intérêt public, soit dans l'intérêt particulier de cer-

taines personnes. — D'après cette opinion, il ne faudrait tenir aucun compte de la nationalité des personnes
intéressées ; il faudrait seulement se préoccuper de la
condition de mineur, particulière à une certaine personne, par rapport à une autre, le tuteur qui possède
des biens en France, — et appliquer à ces biens les
règles de la propriété en France, avec toutes les charges
créées par la loi, et dans notre hypothèse, avec l'hypothèque légale du mineur.

Une autre opinion, soutenue par M. Demangeat,
n'accorde au mineur l'hypothèque légale, en France,
qu'autant que la loi personnelle du mineur a consacré
en sa faveur une garantie de ce genre, — sans exiger
qu'un traité ou une loi aient consacré au profit de
l'étranger la participation à cette faveur.

La première opinion va beaucoup trop loin, et fait
servir les notions du statut réel à la solution des difficultés qui lui sont étrangères. S'il ne s'agissait que des
moyens d'acquérir, de conserver ou de perdre la propriété de biens situés en France, en dehors de toute
considération de personnes, oui, sans doute, nous devrions appliquer les règles du statut réel. Mais, qu'on y
songe bien, l'idée d'hypothèque légale éveille l'idée
d'une faveur à une certaine catégorie de personnes. S'il
y a des distinctions de personnes à faire, on doit abandonner l'application d'une règle qui ne regarde que les
biens.

La seconde opinion suppose adopté le système qui
accorde à l'étranger tous les droits civils qui ne lui
sont pas formellement refusés. — Notre système est
tout différent ; — nous accordons à l'étranger pleine
participation au droit des gens, mais, pour les droits
civils, nous appliquons l'art. II, et nous voulons, pour

les lui accorder, qu'il puisse invoquer un texte formel de traité ou de loi. — Or, nous n'hésitons pas à ranger l'hypothèque légale du mineur parmi les droits civils, parmi ces droits de création arbitraire que le législateur adapte à certaines institutions du droit des gens dont il organise les règles et les protections, mais qu'il ne faut pourtant pas confondre avec l'institution elle-même. L'incapacité du mineur et de la femme mariée, n'ont pas besoin, pour exister, d'une hypothèque légale. Les questions de protection, si l'on y veut bien réfléchir, n'ont pas un rapport étroit, nécessaire, immédiat, avec les questions d'incapacité.

Terminons sur l'hypothèque légale du mineur, en rappelant que, dans le cas où le mineur étranger abandonné recevrait de l'initiative bienveillante de nos magistrats un tuteur en France, ce mineur pourrait invoquer l'hypothèque légale de l'art. 2123. On ne peut pas lui imposer un tuteur, sans lui assurer des garanties contre les défaillances de son administration.

Nous retrouverons le mineur étranger, en nous occupant, dans la matière des contrats, de la question de savoir quelle est la loi qui détermine son incapacité, dans quelles limites cette incapacité doit être reconnue en France, et enfin, quelle est la décision qu'il convient d'adopter, quand un Français éprouve un préjudice par l'application de la loi, déterminant l'incapacité du mineur étranger.

En ce qui concerne les changements dans l'Etat d'un étranger, provenant d'une émancipation ou d'une interdiction, — il faudra, comme en matière de tutelle, appliquer la loi personnelle de l'étranger. Pas plus l'interdit que le mineur n'aura, en France, d'hypothèque légale sur les biens du tuteur.

Mariage. — III. Arrivons à la partie essentielle de notre paragraphe sur les droits de famille, et voyons quelle est la capacité de l'étranger, au point de vue du mariage. — L'étranger peut-il se marier en France? Quelles sont, en France, les conséquences de son mariage? Nous laissons entièrement de côté l'importante question des mariages célébrés en pays étranger, et nous bornons notre étude à la condition de l'étranger dans notre pays. —

Et d'abord, éloignons de notre esprit tout souvenir du Droit romain, sur le connubium ou sur la patria potestas. — Il est hors de doute que le mariage est possible en France, soit entre deux étrangers, soit entre Français et étrangers. — Mais les difficultés commencent quand on veut connaître les conditions sous lesquelles le mariage peut être contracté. —

Il faut soigneusement distinguer la question de capacité et la question de forme. La première est réglée par le statut personnel de l'étranger, et la seconde par la loi française : *locus regit actum.* — C'est la loi du pays auquel appartient l'étranger qui nous apprendra à quel âge il peut se marier, de quel consentement il a besoin pour la validité de son mariage. C'est la loi française qui nous indiquera l'officier compétent devant lequel le mariage sera célébré, et les conditions de forme auxquelles la validité du mariage est subordonnée. C'est ainsi que les formalités des publications, de la remise à l'officier public d'un acte de naissance ou d'un acte de notoriété dressé conformément à l'art. 71, ces formalités, dis-je, doivent être remplies par l'étranger. Mais ici se présente une véritable difficulté, sur le point de savoir à quel domicile les publications devront être faites et le mariage célébré. — Faut-il que le do-

micile de l'étranger s'établisse par six mois de résidence? — Ou bien, se contentera-t-on du domicile
ordinaire? — L'art. 74 semble bien décider que le mariage ne peut être célébré qu'au lieu du domicile établi
par six mois de résidence. D'un autre côté, sur le point
de savoir à quel domicile devront se faire les publications, les art 166 et 167 indiquent successivement deux
domiciles différents, le domicile ordinaire et le domicile établi par six mois de résidence. D'après Marcadé,
c'est seulement au domicile établi par six mois de résidence que le mariage pourra être célébré; et les publications devront être faites : 1° à ce dernier domicile ;
2° au domicile ordinaire. Je préfère l'opinion des auteurs qui pensent que la loi, en permettant d'établir un
domicile par six mois de résidence, a voulu faciliter la
célébration des mariages et non supprimer le droit commun en matière de domicile. Il faut bien se garder,
par une interprétation trop étroite, de changer une faveur de la loi en une obligation rigoureuse, et il faut
décider, dans notre matière, que l'étranger, n'eût-il que
deux mois de résidence dans un lieu où il a son domicile, pourra très régulièrement y faire les publications
et y célébrer son mariage. — Si nous avons donné une
place dans notre sujet à cette importante question, c'est
qu'elle vient de recevoir une application récente, à l'occasion de l'option des Alsaciens et Lorrains pour la
patrie française. —

En résumé, nous appliquerons la loi étrangère, pour
déterminer la capacité de l'étranger à contracter mariage, et la loi française en ce qui concerne les formes.
— On conçoit aisément que l'application de la loi étrangère, en ce qui concerne le conjoint étranger, réserve
quelquefois au conjoint français ou même étranger de

cruelles déceptions. — Voilà un mariage en apparence fort régulier, — et cependant entâché d'un vice caché au sujet duquel la loi étrangère prescrit la nullité ! N'y a-t-il, dans nos lois, aucun moyen de conjurer des conséquences si funestes de la loi étrangère ? Le moyen a été-proposé, en 1831, par une circulaire du garde des sceaux, — prescrivant aux étrangers, qui veulent se marier en France, de se munir d'un certificat, dans lequel le gouvernement étranger atteste leur capacité de contracter mariage, dans telle hypothèse déterminée. Mais, M. Fœlix *(Traité de Droit international privé)* fait justement remarquer que, cette circulaire ne liant pas l'officier d'état civil, ce dernier a pu ne pas s'y conformer et célébrer le mariage, pour lequel les formalités légales ont été remplies. — Le même auteur observe, avec raison, que les gouvernements étrangers ne sont pas obligés de fournir la justification demandée par le garde des sceaux, et qu'il serait souverainement injuste que le mariage échouât devant le mauvais vouloir d'un gouvernement étranger. — Ainsi, l'application de la loi étrangère est absolue, en matière de capacité du conjoint étranger, — dût-elle, en prescrivant des cas de nullité ignorés de l'autre conjoint, entraîner la nullité du mariage ! —

L'étranger une fois marié, — quels seront les droits et les devoirs qui vont naître du mariage ? En ce qui concerne les droits et les devoirs des époux entr'eux, ou des époux envers les enfants et réciproquement, il faudra appliquer la loi étrangère, à moins que cette loi ne consacre une disposition contraire à la morale et à l'ordre public. —

Dans cet ordre d'idées, il convient de se demander quel est l'effet d'un mariage contracté en France par

un étranger divorcé, d'après les lois de son pays?
Nous pensons que le mariage devrait être annulé
comme contraire à l'ordre public. Mais il s'en faut de
beaucoup que tous les auteurs partagent cette opinion.
Les meilleurs esprits admettent que le divorce prononcé
en pays étranger ne peut pas porter obstacle à la validité du mariage contracté en France par un étranger,
désormais libre de tout lien matrimonial. — De son
côté, la jurisprudence résiste énergiquement aux tendances de la doctrine, et tient pour irrégulier le mariage contracté après divorce par des étrangers. — Le
principal argument de la doctrine est celui-ci : Un
Français divorcé, avant la lói de 1816 qui abolit le divorce en France, peut-il, oui ou non, contracter un second mariage? Oui, sans aucun doute. — Eh bien !
voilà un étranger divorcé suivant les lois d'un pays qui
admet le divorce comme la France avant 1816 ! Pourquoi cet étranger n'aurait-il pas les mêmes droits que
le Français? — Cela serait inique. Nous répondrons
avec M. Fœlix : « Le Français divorcé avant 1816
avait un droit acquis à pouvoir se remarier ; il avait
en quelque sorte, à cet égard, une promesse de l'autorité française, promesse que le législateur de 1816 ne
pouvait ni ne voulait méconnaître : au contraire, la
France ne prend évidemment aucun engagement avec
l'étranger qui divorce, conformément aux lois de son
pays. »

Une autre question très contreversée, au sujet du
mariage de deux étrangers, c'est celle de savoir sous
quel régime ils seront mariés, à défaut de contrat de
mariage. — Faut-il soumettre les époux au
régime en vigueur, au lieu de la célébration du mariage? Au régime de la situation des biens? Ou enfin

au régime du domicile matrimonial ? — Le principe qui doit dominer cette matière, est celui que le législateur a écrit, en tête de ses dispositions sur le contrat de mariage, c'est le principe de la liberté des conventions. 1837. Code civil. — Or, les conventions sont expresses ou tacites. Si la convention est expresse pas de difficulté. — Mais ce n'est pas le cas que nous avons prévu. — A. défaut de convention expresse, n'est-il pas naturel de supposer que les époux ont adopté le régime en vigueur, au domicile matrimonial ? C'est à ce régime que ces époux ont pensé, pour y soumettre tous les intérêts se rattachant à leur union, quel que soit le pays où ils se trouvent placés. — Peu importe que le régime du domicile matrimonial soit le régime dotal. Peu importe que ce régime stipule l'aliénabilité de la dot, dans des conditions que la loi française n'admet pas. — Le régime des époux étrangers étendra son autorité, même sur les biens situés en France ; — par cette excellente raison que nous ne sommes pas ici en face d'une question de statut réel, — mais en face d'une convention tacite qu'il faut interpréter dans le sens que les parties ont vraisemblablement voulu y attacher. — Cassation, 21 février 1855. —

Enfin, une autre question non moins importante que la précédente, est celle de savoir si la femme étrangère pourra invoquer sur les biens de son mari, situés en France, l'hypothèque légale de l'art. 2121. Mais, cette question se trouve résolue par les considérations que nous avons présentées, au sujet de l'hypothèque légale du mineur étranger sur les biens de son tuteur. — L'hypothèque légale est bien un droit civil, dans le sens de l'art. 11 ; — la concession de ce droit ne peut être faite à la femme étrangère que par un traité diplo-

matique, où par une loi politique. — Cour de cassation, 20 mai 1862. — Grenoble, 23 avril 1863. —

Adoption. — IV. Un des principaux effets du mariage, c'est de créer les droits privés de famille entre
les époux, entre les ascendants et les descendants,
droits de puissance paternelle, droits à une pension
alimentaire, droits de succession, etc., etc.— Mais ces
droits peuvent naître d'une institution autre que le mariage. L'adoption établit, entre l'adoption et l'adopté,
des rapports de succession, et, la vie durant, des droits
réciproques à une pension alimentaire. La question se
pose naturellement de savoir si l'étranger peut adopter
ou être adopté. Deux systèmes opposés sont en présence, le premier plaçant l'adoption à côté du mariage
pour leur appliquer les mêmes règles, et en étendre la
participation à l'étranger, — le second considérant
l'adoption comme une institution du droit civil, et lui
appliquant les règles de l'art. 11. — C'est le second
système que nous adoptons. L'étranger, sans doute,
jouit en France du droit des gens. A ce titre, il peut se
marier dans notre pays soit avec une Française, soit avec
une étrangère. On comprendrait difficilement que le
mariage, cet acte du droit des gens par excellence, lui
fût défendu. Mais, il n'est pas possible de comparer
l'adoption au mariage. Il y a, de nos jours encore, des
pays dont les lois ne permettent pas l'adoption. Et ensuite, est-il vrai, oui ou non, que le Code civil ait
consacré le Droit romain et l'ancien Droit, en cette
matière? Rien ne nous prouve qu'il ait abandonné les
anciennes traditions. — En ne disant rien de particulier
sur l'étranger, en matière d'adoption, il a entendu
d'abord ne rien changer à l'ancien droit sur ce point,
et ensuite placer le cas d'adoption sous l'empire des
règles de l'art. 11.

D'ailleurs, l'étranger a un moyen bien simple d'invoquer notre droit sur l'adoption. — Qu'il profite de l'art. 131 Qu'il se fasse autoriser par le gouvernement à résider en France, et alors il jouira des droits civils, comme le Français lui-même!

Succession. — V. Maintenant que la famille de l'étranger est constituée, — il s'agit d'étudier les questions délicates qui se présentent, — lorsqu'un membre de la famille vient à mourir. — La question de la succession des étrangers en France n'est pas nouvelle. Déjà, dans le résumé historique que nous avons placé en tête de ce travail, nous avons étudié les diverses modifications qu'a subies le droit des testaments et des successions laissés par des étrangers, ou destinés à des étrangers. — Nous ne reviendrons pas sur le point historique de notre question, et nous plaçant à l'époque du Code civil et sous l'empire de la loi 1819, nous examinerons avec soin les difficultés nombreuses qui se présentent pour le réglement de la succession d'un étranger.

Et d'abord, on peut affirmer que les restrictions dont les étrangers sont l'objet, au point de vue des successions ou des testaments, ne sont nullement une application de l'ancien droit d'aubaine. Le droit d'aubaine, en effet, était l'attribution au Roi des successions laissées en France par les étrangers, à défaut d'enfants regnicoles. Tel n'est pas le droit en vigueur sous l'empire du Code civil. Rien n'empêche l'étranger de transmettre ou de disposer, par succession ou par testament, en faveur des Français. Si l'étranger ne laisse pas de parents français, au degré successible, ce n'est point par droit d'aubaine que l'Etat succédera, mais par droit de déshérence. Encore une fois, l'étranger n'est pas dépouillé du droit de laisser des héritiers, ou de faire un testament. Ce qui le prouve, c'est la rédaction des articles 726 et 912 qui ne font allusion qu'à l'incapacité de recevoir, et nullement à l'incapacité de disposer. — La loi de 1819, en accordant expressément le droit de disposer, n'a fait qu'exprimer clairement une idée parfaitement admise par les rédacteurs du Code civil. —

Ainsi, les articles 726 et 912 excluent, sous l'empire du Code civil, l'étranger du droit de recevoir par succession ou testament. — Ces articles ne sont qu'une application de l'article II ; — l'exclusion qu'ils consacrent ne tombera que devant un traité international ou une loi politique.

La loi de 1819, dans le but d'attirer en France de nombreux étrangers, leur rendit le droit de recevoir par succession ou par testament, — sans exiger qu'un traité international accordât un droit réciproque au Français en pays étranger. Ainsi, supposons une succession qui s'ouvre, en France, à laquelle est appelé un étranger. D'un autre côté, supposons que la loi de cet étranger exclue les Français de toute succession qui s'ouvrirait en leur faveur dans son pays. L'étranger devra-t-il être écarté pour cette raison ? Nullement. Et cependant, sous l'empire du Code civil, dans cette même hypothèse, l'étranger eût été exclu de la succession qui s'ouvrait en France en sa faveur.

Mais, changeons l'espèce. — Supposons une succession se composant de biens situés en France, et de biens situés en pays étranger. A cette succession sont appelés des étrangers et des Français ; les Français sont exclus des biens situés en pays étrangers par la loi de ce pays. Quel sera le droit des étrangers, sur les biens situés en France ? La loi de 1819 décide que ce droit sera diminué d'une part égale à celle pour laquelle le Français est exclu par la loi étrangère : en sorte que l'étranger ne pourra exercer son droit que sur ce qui restera des biens français, après le prélèvement opéré par les héritiers français. —

Mais, sur quoi s'exercera le prélèvement. — On voit quel est l'intérêt de la question, en songeant à la distinction établie par l'art. 3 du Code civil, en vertu de laquelle les immeubles seuls sont régis par la loi française, tandis que les meubles, comme la personne de l'étranger, obéissent à la loi étrangère. Paris, 3 février 1838. — Si on appliquait ces principes à notre hypothèse, il faudrait dire que le Français sera exclu, non-seulement de toute part sur les immeubles situés en pays étranger, — mais encore de toute part sur les meubles situés en France. — On voit à quelle injustice la logique nous conduirait, et de quelle iniquité se rendrait complice notre propre loi. Le danger est encore plus grand de nos jours qu'il n'a été jamais, si l'on songe que la propriété territoriale a fait place à un genre de propriété aussi prospère que récent, grâce aux progrès inouïs du commerce et de l'industrie : Je veux parler de la propriété mobilière. Il n'est pas rare de voir aujourd'hui une personne, possédant une fortune immense, sans avoir dix hectares de terre. Que l'on suppose que cette personne soit un étranger, et que sa succession se soit ouverte, en France, au profit de Français et d'étrangers. Si les tribunaux ne reculent pas devant l'application de l'art. 3 (Code civil), on arrive à dépouiller l'héritier français de toute part sérieuse dans cette succession considérable, au profit de l'héritier étranger. Mais la doctrine et la jurisprudence sont formellement opposées à l'abus que l'on pourrait faire de la distinction établie par l'art. 3.

L'application de l'art. 2 de la loi de 1819 a donné lieu à des difficultés nombreuses, — parmi lesquels quelques-unes méritent d'être examinées. —

Ce n'est pas seulement dans le cas d'une succession ab intestat, ouverte au profit de Français et d'étrangers, mais encore dans le cas d'un testament, que la loi de 1819 va trouver son application. — Ainsi, supposons que les héritiers étrangers ont reçu par testament un legs, dépassant la quotité disponible admise par le Code civil. — Assurément, rien n'empêche les héritiers étrangers d'exercer leurs droits sur les immeubles situés en pays étranger. — Mais, sur les immeubles et sur les meubles situés en France, l'étranger sera exclu pour une portion égale à celle que les héritiers français auraient le droit de réclamer, en pays étranger, en observant la loi française. — Et qu'on ne dise pas que la loi de 1819 ne règle pas le cas où l'exclusion des Français résulte d'un testament! Il est facile de répondre que la loi de 1819, ne pouvant entrer dans les détails multiples de toutes les hypothèses, s'est servie de termes généraux, et a prévu toutes les exclusions, « *à quelque titre que ce fût* ». —

Le cas peut se présenter également où deux étrangers sont appelés ensemble à une succession, comprenant des biens en France et en pays étranger. — L'un d'eux peut avoir souffert, sur les biens situés en pays étranger, d'un testament qui accorde à son co-héritier un avantage, dépassant la mesure de la loi française. — Pourra-t-il, sur les biens situés en France, en invoquant la loi française, exercer le prélèvement de la loi de 1819? — Non, s'il est étranger purement et simplement. — Oui, s'il jouit, en vertu de l'art. 13, des droits civils. — C'est un droit civil, en effet, que d'exercer le prélèvement de la loi de 1819, — et de paralyser, à l'aide de ce moyen, les dispositions des lois ou testaments étrangers, contraires à notre loi civile.

En résumé, depuis la loi de 1819, les étrangers ont, en France, les mêmes droits que les Français en ce qui concerne la capacité de recevoir par succession ou par testament, — à part le cas d'exclusion prononcé contre le Français, en pays étranger, par la loi de ce pays.

Si les étrangers ont des droits sur les successions qui s'ouvrent en France, à leur profit, dans quelle mesure, et en vertu de quelle loi pourront-ils invoquer ces droits? Faudra-t-il suivre la loi étrangère pour les héritiers étrangers, et la loi française pour les héritiers français? La Révolution française a marqué son empreinte dans nos lois, surtout en matière de succession. Les principes libéraux et égalitaires y sont proclamés, et les distinctions de l'ancien Droit formellement abolies. Les prescriptions fondamentales, contenues au titre des successions, peuvent être considérées comme d'ordre public; par conséquent, il ne faut pas hésiter à dire que les biens, situés en France, à quelque personne qu'ils puissent appartenir, ne peuvent plus être grevés des droits dont nous avons conquis l'abolition dans notre grande révolution de 1789. De même que nous avons pu dire plus haut, plus de droit d'aubaine, plus de droit de détraction, nous pouvons dire maintenant, plus de droit d'aînesse, plus de catégories dans la famille; pour tous les enfants, l'égalité! De ce que ces principes sont d'ordre public, — il faut conclure qu'une loi étrangère., dans ces applications en France, ne saurait les méconnaître. C'est vainement que, sur des biens situés en France, un étranger, au nom de sa loi personnelle, voudrait exercer le droit d'aînesse. Vainement, voudrait-il distinguer parmi ces biens les propres et les acquêts pour s'emparer des uns ou des autres, par préférence à ses cohéritiers. — On conçoit que, si les biens situés en France pouvaient être grevés d'autant de droits différents qu'il y a de propriétaires appartenant à différentes nations, il faudrait désespérer de l'unité française, et assister à la formation de grandes fortunes immobilières menaçant, par leur extension, de devenir avec le temps autant de petits Etats dans l'Etat. C'est donc d'après la loi française qu'il faudra régler la distribution des successions, auxquelles seront appelés les étrangers. Cependant, il faudra discerner nettement les questions de succession et les questions de capacité, afin d'appliquer aux unes la loi française, aux autres la loi étrangère. — Même parmi les biens situés en France, il n'y aura que les immeubles qui seront soumis à l'empire de la loi française, — les meubles étant régis par la loi personnelle de l'étranger. —

Si les successions doivent être liquidées, d'après les règles de la loi française, il faut décider : 1° Que la succession d'un étranger sera partagée suivant l'ordre des héritiers établi par le Code civil ; 2° Que la quotité disponible, en ce qui concerne les immeubles, sera déterminée par la loi française, et par la loi étrangère en ce qui concerne les meubles. (Paris, 1833, 3 février). 3° Que le sort des donations faites par l'étranger à son conjoint sera fixé, toujours en ce qui concerne les immeubles, par les art. 1094 et 1098 du Code civil.

8

C'est, en effet, une question de succession que celle de savoir si les donations faites à ce conjoint dépassent ou non la quotité disponible. 4° Que les droits de l'ascendant donateur étranger d'un immeuble situé en France, seront réglés par l'art. 747 du Code civil, et les droits de l'enfant naturel sur les biens de ses parents, et ceux des parents sur les biens de l'enfant naturel d'après les dispositions du Code en cette matière. — 5° Enfin, que les substitutions défendues par notre législateur et permises dans un autre pays, ne peuvent point grever des biens immeubles situés en France.

On le voit; la liberté de l'étranger de cujus n'est limitée qu'en ce qui concerne les immeubles, — les meubles restant soumis à sa loi personnelle. — Mais, il s'en faut de beaucoup que tous les auteurs soient d'accord sur la distinction que nous venons de faire. Les uns ont soutenu que la succession est un être juridique, continuant la personne du défunt, et obéissant comme lui aux lois étrangères. D'après ces auteurs, la succession devrait être entièrement réglée par la loi personnelle de l'étranger. — D'autres ont soutenu que les meubles, comme les immeubles, qui se trouvaient en France, devaient composer une seule succession soumise aux lois françaises pour le partage et la liquidation. Quant à nous, en présence de l'article 3, nous pensons que le doute n'est pas possible, sur la distinction qu'il faut faire entre les meubles et les immeubles d'une même succession. — Notre principe souffrira pourtant exception, lorsque son application entraînera un préjudice pour le Français intéressé. — Dans ce cas, la loi de 1819 autorise à donner à l'héritier français, exclu par la loi étrangère, une compensation sur les biens, quels qu'ils soient, meubles ou immeubles, se trouvant en France et faisant partie de la succession.

Nous voici parvenus à la fin de la première partie de notre travail. Nous rappellerons, en terminant, qu'en accordant à l'étranger des droits de famille, nous lui avons refusé les droits qui ont été considérés par nous comme propres aux Français, tels que l'hypothèque légale du mineur et de la femme mariée, le droit d'adoption, active et passive, le droit de tutelle active, l'usufruit légal des père et mère administrateurs; de même, nous avons soumis les droits de famille de l'étranger aux garanties d'ordre public que la loi française a organisées pour maintenir l'égalité dans la famille, en réservant toutefois la liberté de l'étranger, en ce qui concerne les meubles, — sauf le cas d'application de la loi de 1819.

Observations communes aux deux paragraphes suivants.

Notre étude sur la condition de l'étranger en France, au point de vue des droits réels, des droits personnels, et de leurs modes de constitution, — laissera entièrement de côté l'importante question qui a trait à l'effet produit en France par les actes passés en pays étranger. — Cette question se présente non-seulement à l'occasion des étrangers, mais encore à l'occasion des Français qui ont passé des actes en pays étranger. Ce serait donc sortir de notre sujet que d'aborder l'étude de cette question. D'un autre côté, borner notre travail à l'examen des actes qui concernent l'étranger seulement, ce serait nous exposer à établir une théorie vague et incomplète.

Sous le bénéfice de cette observation générale, passons à l'étude des droits réels, accessibles à l'étranger.

II.

DE LA PROPRIÉTÉ ET DES DROITS RÉELS.

Nous allons retrouver sous ce paragraphe l'application des principes que nous avons posés, en tête de nôtre travail sur la condition de l'étranger, en Droit français. — Le statut personnel se combinant avec le statut réel, — la liberté, laissée aux étrangers, s'arrêtant devant nos lois de sûreté générale et d'ordre public, — nos lois sur la forme des actes s'imposant aux acquisitions faites, en France, par l'étranger : tels sont les principes qui dominent la matière des droits réels. —

Le droit réel le plus étendu que l'on puisse avoir sur une chose, — c'est le droit de propriété. Au lieu d'avoir tous les attributs de la propriété, on peut n'en avoir que quelques-uns, tels que l'usufruit, la servitude, l'hypothèque, l'antichrèse, etc. — Assurément, ces attributs différents de la propriété seront des droits réels pour la personne qui en jouira. Il est vraiment inutile de poser aujourd'hui la question de savoir si l'étranger peut être propriétaire, ou jouir de l'un des attributs du droit de propriété. Oublions complètement le dominium ex jure quiritium des romains, et tenons la propriété de nos jours pour une institution du droit des gens à laquelle participeront également Français et étrangers. —

Les questions qui se rapportent à l'étude des droits réels, accessibles aux étrangers, peuvent être groupées sous les trois points suivants : 1° De quelle façon l'étranger peut-il acquérir en France un droit réel ? — A quelles formalités la conservation de ce droit est-elle soumise ? — 3° De quelle façon le droit réel peut-il s'éteindre, par rapport à l'étranger ? Avant d'entrer dans les détails des droits réels, il importe de remarquer que la loi française est souveraine, quant à la distinction entre les meubles et les immeubles ; à cet égard, la loi étrangère est sans influence. —

I.

De quelle façon l'étranger peut-il acquérir en France un droit réel ?

Les articles 711-717 du Code civil nous donnent l'énumération des modes d'acquérir les droits réels. Le Code civil cite notammment l'occupation, l'accession, la succession, la donation entre vifs ou testamentaires, la convention, et la prescription. Nous ajouterons que les droits réels peuvent s'acquérir par la toute puissance de la loi, ainsi que nous le verrons par la suite. Voyons la condition de l'étranger, par rapport à ces moyens d'acquisition.

Occupation. — *Accession.* — Il est hors de doute que l'étranger peut acquérir la propriété par les moyens originaires, tels que l'occupation, l'accession ou l'incorporation, dans les cas et sous les conditions prescrites. Ainsi, nous devons décider que les lois sur la chasse et sur la pêche s'appliquent à l'étranger comme au Français. Nous n'hésitons pas davantage à appliquer à l'étranger l'art. 716 sur la découverte d'un trésor.

Acquisition par convention. — La convention, en Droit français, opère translation de la propriété, et met la chose aux risques du créancier. 711 — 1138. — Telle est la règle générale que l'étranger aura le droit d'invoquer. — Mais, dans certains cas, la convention seule ne suffit pas pour opérer translation de propriété, et elle ne produit cet effet important qu'autant qu'elle est entourée de certaines formalités. —

Donation. — *Hypothèque conventionnelle.* — Ainsi, il ne suffirait pas que le donateur ou le débiteur eussent promis de faire une donation, ou de créer une hypothèque, pour que le donataire fût propriétaire de l'objet promis, et que l'hypothèque fût régulièrement constituée. Il faut que la convention de donner ou d'hypothéquer soit constatée dans un acte authentique, reçu par deux notaires. De plus, en ce qui concerne la donation, c'est en vain qu'elle aurait été faite par acte authentique, si le donataire n'avait pas expressément accepté cette donation, et si mention de son acceptation ne se trouvait pas dans l'acte lui-même. Nous ne voulons pas entrer ici dans les détails subtils des conditions nombreuses de l'accomplissement desquelles dépend la validité d'une donation ou d'une hypothèque. — Nous constatons seulement qu'un acte authentique est nécessaire pour que le contrat de donation et la convention d'hypothèque produisent un droit réel. — Même nécessité d'un acte authentique, dans le cas de subrogation dans le privilége du vendeur d'immeubles (art. 2103 Code civil). —

Voilà des exemples de conventions dont l'effet est su-
bordonné à l'accomplissement de certaines formalités.
— Eh bien ! l'étranger, dont la loi personnelle a soumis ces différents actes à d'autres formalités, ou les a
dispensé de toute formalité, pourra-t-il, en France,
faire ces actes conformément à sa loi personnelle, et
en demander l'exécution à nos tribunaux ? — Non. Il
nous suffit d'indiquer le principe, locùs regit actum.—
Ainsi, la donation faite en France par un étranger,
dans laquelle il n'y aurait pas acceptation expresse,
— cette donation ne serait pas régulière, — quand
même la loi étrangère n'aurait pas exigé l'acceptation
expresse. —

Avant d'aller plus loin, rappelons que le Code civil
avait restreint la capacité de l'étranger, en matière de
donation. — Nous savons, en effet, que l'étranger,
capable de transmettre par donation, était incapable
de recevoir à ce titre, — si son incapacité n'avait pas
été effacée par un traité ou une loi. — C'est la loi de
1819 qui supprima cette restriction.

Successions et testaments. — Nous n'ajouterons
rien à ce que nous avons déjà dit, en ce qui concerne
la capacité pour l'étranger de transmettre ou d'acquérir par succession ou par testament ; et nous passerons de suite à l'importante question de savoir si
l'étranger peut, en France, acquérir par prescription. —

Prescription acquisitive. — Laissons de côté la
discussion à laquelle donnent lieu la rédaction de l'art.
2219, et celle de l'art. 712. — Rappelons seulement
qu'une controverse s'est élevée sur le point de savoir
si, comme le dit la loi « la prescription est un moyen
d'acquérir. » — Admettons que la prescription soit
réellement un moyen d'acquérir, — et voyons si elle

peut être invoquée par l'étranger. — Nous n'hésitons pas à adopter l'affirmative. Puisque la loi reconnaît à l'étranger le droit d'être propriétaire en France, elle doit logiquement lui reconnaître les moyens de le devenir. A Rome, sans doute, le Peregrinus ne pouvait pas invoquer l'usucapio ; mais pourquoi ? Parce qu'il ne pouvait pas acquérir le dominium ex jure Quiritium. L'étranger pourra donc, en France, devenir propriétaire par la prescription. Au surplus, si la loi avait voulu maintenir l'ancienne incapacité pour l'étranger d'acquérir par prescription, — elle n'aurait pas manqué d'exprimer formellement sa volonté, ainsi qu'elle l'a fait, avant 1819, en ce qui concerne l'incapacité de recevoir par donation, succession ou testament. —

Si la prescription est accessible à l'étranger, — elle sera cependant subordonnée aux règles de la loi française, et ne s'appliquera qu'aux objets que notre loi permet d'acquérir par ce moyen. — Sans doute, l'étranger pourra acquérir par prescription la propriété, l'usufruit, les servitudes : mais, parmi les servitudes sont susceptibles d'être acquises par prescription, les servitudes continues et apparentes seulement. 690. Code civil. — Le temps exigé pour prescrire sera le temps fixé par notre loi, 30 ans quand il n'y a ni titre ni bonne foi, — 10 ou 20 ans quand on possède de bonne foi et sur le fondement d'un titre. — Puisque les lois d'ordre public obligent tous ceux qui habitent le territoire, art. 3, nous croyons que l'étranger n'aurait pas le droit de renoncer d'avance au bénéfice de la prescription. L'ordre public est intéressé à ce que les droits réels ne restent pas indéfiniment en suspens. L'esprit qui a animé le législateur embrasse dans la même conception les étrangers et les Français.

En disant que la prescription acquisitive des droits réels était régie par les règles de la loi française, nous avons laissé de côté les questions de capacité, qui, nous le savons, se trouvent sous l'empire du statut personnel. — Oui, sans doute, les conditions de la possession, les caractères qu'elle doit revêtir pour conduire à la prescription seront déterminés par les art. 2228 et suivants du Code civil. — Mais, supposons que la personne contre laquelle on veut prescrire soit un étranger mineur dont la loi prolonge la minorité jusqu'à 25 ans. — La prescription ne court pas contre les mineurs, — puisqu'ils sont incapables d'en arrêter l'effet, à l'aide d'un acte interruptif. Contra non valentem agere non currit prescriptio. — C'est vainement, d'après nous, que l'on voudrait opposer au mineur étranger le temps de la prescription qui a couru pendant sa minorité; — quant à lui, la prescription ne pourra lui préjudicier, que lorsqu'il aura atteint l'époque de la majorité. — Voilà une conséquence de l'application à l'étranger du statut personnel. —

Nous ne passerons pas à l'étude d'un autre point, — sans faire observer que la disposition de l'art. 2279 sur l'acquisition instantanée des meubles pourra être invoquée par l'étranger ou contre lui. — Le premier point n'offre pas de difficultés, puisque l'étranger peut acquérir en France. — Mais, on aurait pu argumenter par a contrario, de l'art. III, du Code civil, pour soustraire à la loi française sur la prescription les meubles de l'étranger. — A notre avis, il ne faudrait pas, en toute matière, soumettre les meubles de l'étranger à la loi personnelle de l'étranger. — Une distinction doit être faite entre les moyens d'aliénation entre vifs, et les transmissions par succession ou par testament. —

La succession de l'étranger, en ce qui concerne les meubles, est réglée par sa loi personnelle. Pourquoi cela? Parce que l'on suppose avec beaucoup de raison qu'il a placé, sous l'empire de cette loi, sa personne et sa fortune mobilière *(mobilia ossibus inhærent)*, et, parce qu'il serait souverainement injuste que la répartition d'une succession dépendît de la mort d'une personne dans un lieu plutôt que dans un autre. Mais, lorsque l'étranger est en France, où, librement, spontanément, il noue des relations nombreuses soit avec des Français, soit avec des étrangers, il se soumet, par son séjour en France, et il soumet en même temps ses meubles à l'application de nos lois d'ordre public, parmi lesquelles nous plaçons, sans hésitation, la loi sur la prescription. —

Acquisition par l'effet de la loi. — Enfin, l'étranger peut acquérir des droits réels en France par la seule puissance de la loi. — Toutes les fois que le droit réel, établi par la loi, peut être considéré, non comme une faveur accordée à certaines personnes, mais comme un attribut de certaines créances, ou comme la condition même de la propriété dans certaines situations, l'étranger pourra invoquer en France ce droit réel. — Ainsi, de même qu'il est soumis aux servitudes légales, — de même il pourra les invoquer quand il se trouvera dans les situations voulues. Pour ne citer qu'un exemple, il est hors de doute que l'étranger, propriétaire en France d'un fonds enclavé, pourra demander une issue sur la voie publique, à travers les fonds de ses voisins. (Art. 3 et 682 du Code civil.)

L'étranger pourra également invoquer les priviléges des art. 2101, 2102 et 2103. Mais, il ne pourra pas invoquer l'hypothèque du légataire sur les biens de la succession (1017), ou l'hypothèque légale de la femme mariée ou du mineur sur les biens du mari ou du tuteur. Quant aux hypothèques légales, nous savons que l'on ne peut en étendre la jouissance à l'étranger, pour deux motifs : — 1° parce que, à défaut de traité international ou de loi politique, l'étranger ne participe pas à nos droits civils ; 2° parce que, d'un autre côté, on ne peut pas soumettre les hypothèques légales aux règles du statut réel, du moment qu'elles constituent une faveur pour certaines personnes, et non une condition de la propriété en France. — Mais, tout autre est le caractère des droits créés par la loi, dans les articles 2101-2103. — La loi nous dit elle-même que le privilége est un droit attaché « à la qualité de la créance. » — Appliquons sans hésiter, aux privilèges, les règles du statut réel, et reconnaissons à l'étranger le droit de les exercer, — quand il se trouvera dans les conditions déterminées par la loi.

2° A quelles formalités la conservation de la propriété est-elle soumise ?

Il ne suffira pas à un étranger d'être devenu propriétaire par un mode régulier d'acquérir, — par convention, par donation. — L'acquisition des droits réels a été soumise par la loi française à un système de publicité, dont le but est d'avertir les tiers des aliénations successives, afin de les mettre en garde contre les conséquences funestes d'une acquisition postérieure à non domino. La question de la publicité, qui offre un si grand intérêt quand les parties contractantes sont des Français, en offre un plus grand encore quand les parties appartiennent à des pays étrangers. Mais, alors même que les parties appartiendraient au même pays, elles voudraient invoquer vainement leur loi personnelle qui dispense les aliénations de toute publicité. Ce n'est pas la loi personnelle qui doit résoudre la question de la publicité, c'est le statut réel, lequel embrasse tous les moyens d'acquisition, de conservation et d'extinction de la propriété en France, sans exception pour les étrangers. — L'étranger devra donc remplir toutes les conditions de publicité déterminées par le Code civil.

L'intérêt pour les tiers de connaître l'engagement contracté par des étrangers n'est pas moins grand, quand un engagement, au lieu de porter sur un immeuble, porte sur des meubles. Paul, Français, est débiteur de Jacques, Allemand. Il est certain que Jacques, propriétaire de la créance, peut en disposer soit à titre gratuit, soit à titre onéreux. On voit l'intérêt que le débiteur peut avoir à connaître le véritable propriétaire de la créance, pour faire entre ses mains un paiement valable. Le Code civil a organisé, art. 1690, les moyens de publicité des transports des créances et autres meubles incorporels. Cet article dit formellement que le cessionnaire n'est saisi que par la signification du transport faite au débiteur, ou par l'acceptation de celui-ci dans un acte authentique. Que le créancier et le cessionnaire étrangers doivent remplir les formalités de l'article 1690, cela n'est pas douteux : il est également certain que le débiteur ferait un paiement valable entre les mains du créancier originaire, tant qu'il n'aurait pas été averti de la cession de la créance, art. 1691. Et qu'on ne dise pas que la loi française n'a sur les meubles de l'étranger en France aucune autorité, art. 3, Code civil. Nous avons déjà répondu à cette objection en disant qu'il fallait distinguer entre les dispositions entre-vifs et les transmissions par succession du testament. Les premières sont assujetties aux règles

de la loi française, les autres aux règles de la loi étrangère.

3° De quelle façon les droits réels peuvent-ils s'é-
teindre par rapport à l'étranger ?

Les droits réels dont jouit l'étranger en France s'é-
teindront suivant les règles de la loi française. C'est la
loi française qui déterminera dans quels cas la propriété
ou l'un de ses démembrements sont perdus pour l'é-
tranger, soit à la suite d'une expropriation pour cause
d'utilité publique, soit par incorporation au domaine
public, soit par l'accomplissement de la prescription
extinctive ou acquisitive. C'est aussi la loi française
qui devra être appliquée en ce qui concerne les rapports à la succession des libéralités immobilières faites
par l'héritier étranger en France, ainsi que la réduc-
tion de ces mêmes libéralités dépassant la quotité disponible. Dans ces deux cas, l'héritier sera dépouillé
plus ou moins de son droit de propriété sur les biens
donnés : la résolution de son droit va entraîner la résolution des droits qu'il a constitués; les tiers, Français ou étrangers, seront poursuivis dans les limites
tracées par les art. 865, 929, 930. — Si nous sortons
de ces questions de succession pour entrer dans l'examen des cas de résolution, découlant des contrats, —
nous rencontrons quelque difficulté; — car, la discussion est possible sur le point de savoir s'il ne vaut pas
mieux rechercher la volonté des parties que la loi de
la situation de l'immeuble. Ainsi, quand deux étrangers appartenant au même pays ont fait un contrat de
vente au sujet d'un immeuble, situé en France, supposons que leur loi personnelle permette à l'acheteur
comme au vendeur de demander la rescision pour cause
de lésion; — faudra-t-il appliquer l'art. 1683, qui dé-

fond à l'acheteur de demander la rescision pour ce motif? — C'est bien ainsi que la difficulté nous semble devoir être résolue. Car, la propriété de l'immeuble fait le fond de la contestation, puisque l'action de l'acquéreur tend à ce que le vendeur reprenne l'immeuble ; — dans ce cas, le statut réel ou la loi de la situation régira l'action de l'acquéreur comme celle du vendeur. —

En terminant notre paragraphe sur la propriété, — disons sommairement que plusieurs lois ou décrets postérieurs au Code ont formellement reconnu à l'étranger le droit d'être actionnaire de la Banque de France (décret du 16 janvier 1808), ou concessionnaire de mines (loi du 21 avril 1810), le droit de propriété littéraire (5 février 1810 — et 28 mars 1852), — le droit d'obtenir des brevets d'invention (loi du 5 juillet 1844), et enfin celui d'invoquer le bénéfice de la loi relative aux marques de fabrique pour les établissements qu'ils possèdent en France. — (Loi du 23 juin 1857). —

III.

DES DROITS PERSONNELS.

En étudiant les droits réels accessibles aux étrangers, — nous avons cité les contrats parmi les modes d'acquérir. Mais, nous avons laissé de côté l'importante question de savoir quelle est la loi qui déterminera la capacité de l'étranger, au point de vue des contrats. — C'est sous notre paragraphe III que nous allons établir les règles générales de la capacité de l'étranger, soit pour acquérir, soit pour s'obliger. —

Il nous paraît superflu d'affirmer, pour l'étranger, le droit de contracter en France. — Tous les contrats sont du droit des gens, surtout depuis la loi de 1819, qui mit fin à l'incapacité qui pesait sur l'étranger de recevoir par donation. —

Mais il ne suffit pas de savoir que l'étranger est capable d'être créancier, ou d'être débiteur. Il faut établir dans quelles limites il peut contracter, et quelle est la loi qui fixera ces limites. —

1° La question de capacité des parties sera réglée par le statut personnel, voilà le principe. — C'est par la notion de ce statut qu'il sera possible de déterminer l'incapacité générale du mineur, de la femme mariée, de l'interdit, — ainsi que les incapacités relatives établies par la loi dans certaines conditions, dans certains contrats, ou entre certaines personnes. — Mais, pour les incapacités relatives, si beaucoup de difficultés sont levées par la connaissance de statut personnel, d'autres difficultés naîtront du conflit sur un même point de la loi française et de la loi étrangère.

Eclairons ce point, par quelques exemples :

Quel sera le sort d'une acquisition faite par le tuteur d'un bien de mineur? Ou bien encore, quel sera le sort d'une transaction survenue entre le mineur et le tuteur avant la reddition des comptes de tutelle? Sur ces deux points, on doit appliquer la loi personnelle du mineur. C'est cette loi qui règle les rapports du tuteur et du mineur, et qui détermine les actes permis et les actes défendus entr'eux. — Cependant, il est un cas où, d'après nous, la loi étrangère devrait être abandonnée. C'est le cas où notre loi vient au secours d'un mineur étranger, laissé sans protection sur notre territoire, en lui donnant un tuteur. — Dans ce cas, le système de protection organisé par notre législateur devrait être appliqué au mineur étranger.

Comme l'incapacité relative du mineur étranger, — celle des époux étrangers sera établie par leur statut personnel ; — aussi, devrons-nous bien nous garder d'appliquer aux époux étrangers l'incapacité relative d'acheter et de vendre, visée par l'art. 1595 du Code civil. —

Un contrat où se présente le conflit de la loi française et de la loi étrangère, — c'est la donation. Quelle est la capacité de l'étranger pour faire ou pour recevoir une donation? Il faut distinguer, d'après nous, suivant qu'il s'agit d'une question de capacité proprement dite, ou d'une question de disponibilité. Sur le premier point, nous laisserons à la loi personnelle toute son autorité. Mais sur le second point, nous déciderons que la quotité de biens que le donataire pourra recevoir sera déterminée par la loi française. —

C'est ainsi que les articles 908 qui défend aux enfants naturels de recevoir au-delà de leur part héréditaire, et 909 qui annule les dispositions à titre gratuit faites aux docteurs-médecins, chirurgiens-officiers de santé, en dehors de certaines conditions déterminées par la loi, ces articles s'appliqueraient à l'enfant naturel et au docteur-médecin étrangers, pour cette raison qu'ils contiennent plutôt une règle de disponibilité qu'une règle de capacité.

Si la question de capacité est, en général, réglée par la loi étrangère, faudra-t-il faire de cette loi une application constante, aveugle, ne tenir aucun compte de la bonne foi où de la nationalité des personnes qui contractent avec l'incapable étranger, et sacrifier tous les intérêts au sien? — Disons tout d'abord qu'en

principe il ne doit pas être question de distinction ; on
doit se demander uniquement si telle personne est capable ou incapable, si, par conséquent, les actes
qu'elle fait sont valables ou nuls. — Cependant, des
auteurs et des arrêts ont voulu distinguer selon que
l'incapacité de l'étranger portait préjudice à un Français
ou bien à un étranger. Dans le premier cas, la loi
étrangère serait abandonnée au profit du Français.
Nous le répétons, c'est là une violation formelle d'un
principe du droit des gens, d'après lequel le statut
personnel accompagne l'étranger partout, — à moins
qu'il ne porte atteinte à l'ordre public. — Telle est,
selon nous, la règle générale. — Cependant nous
n'hésitons pas à l'abandonner, quand l'incapable étranger s'est rendu coupable d'un dol ; — en ce cas la loi
française reprendra son empire. — Il serait également
fort équitable, sinon juridique, de maintenir, malgré
la loi étrangère, les contrats que l'incapable aurait faits
pour son entretien personnel. Mais il serait, selon
nous, dangereux d'étendre trop loin les exceptions au
principe général. —

2° La question de capacité une fois vidée, arrivons
à la question importante de la naissance des obligations, par rapport aux étrangers. — Deux principes,
déjà énoncés, doivent dominer cette matière : 1° La
règle locus regit actum doit être suivie ; tout acte fait
sous l'empire de cette règle sera parfaitement valable.
2° Toute obligation ou toute condition contraire à nos
mœurs et à nos lois sera nulle. —

Pour les étrangers, comme pour les Français, il n'y
a d'autres limites à la liberté des conventions, en
France, que le respect des lois et des mœurs. Pour
les uns et pour les autres, le principe est écrit dans

9

l'article 1134 : « Les conventions légalement formées
» tiennent lieu de loi à ceux qui les ont faites ». —
Ainsi, sous l'empire de notre législation, la seule
convention suffit pour créer entre les parties des obligations ; et chacune d'elles pourra en demander l'exécution, sans avoir à prouver autre chose que l'existence même de la convention. Tel est le principe. —
Mais, à côté du principe, il y a des exceptions. Certains contrats, à raison même de leur importance n'ont
pu se former que par l'accomplissement de certaines
formalités, déterminées par le législateur. Ainsi la donation, la convention d'hypothèque, le contrat de mariage, la reconnaissance d'un enfant naturel ne peuvent
se former qu'en vertu d'un acte authentique. — A part
quelques actes soumis par la loi à des formes spéciales,
— les contrats les plus importants tirent d'eux mêmes
leur force et leur validité. Le législateur français n'in-
tervient que pour régler la preuve de l'existence de ces
contrats. —

Les étrangers seront libres d'assigner à l'obligation
les conditions, les modalités qu'ils jugeront conve-
nables. — Mais si les parties ont gardé le silence sur
les conditions du contrat, de quelle manière arrivera-
t-on à interpréter leur volonté ? — Cette question
d'interprétation peut être résolue d'après les règles
suivantes : Il est naturel de supposer que deux étrangers, appartenant au même pays, on dû se référer aux
lois et usages en vigueur dans ce pays. — C'est par
la connaissance de ces lois et usages que l'on établit
les conditions, les modalités d'un contrat inter-
venu entre deux étrangers. — Si les deux étrangers, qui contractent en France, n'appartiennent pas
au même pays, comme il n'y a aucune raison d'appli-

quer la loi de l'un plutôt que la loi de l'autre, on s'en
tiendra à l'article 1159, ainsi conçu : « Ce qui est ambigu s'interprète par ce qui est d'usage, dans le pays
où le contrat est passé. »

Nous avons indiqué une limite à la liberté laissée
aux parties de fixer les conditions et les modalités des
obligations. Elles doivent respecter les lois prohibitives,
la morale et l'ordre public. C'est vainement que l'étranger voudrait établir en France un genre de servitude qui assujettirait un fonds à une personne (686
Code civil). Vainement, aussi, voudrait-il rester dans
l'indivision, pendant une durée de plus 5 ans — 815.
— Vainement, s'engagerait-il ou voudrait-il engager
une autre personne sur une succession future — 1130.
— Dans le cas de gage ou d'antichrèse, l'étranger,
créancier, ne pourrait pas convenir que l'objet donné
en gage deviendra sa propriété, — à défaut de paiement
à l'échéance. — Enfin, il ne pourrait pas stipuler l'intérêt au-dessus du taux légal.

De même que l'étranger peut s'obliger par contrat,
il peut sans aucun doute s'obliger par ses délits et par
ce qu'on appelle les quasi-délits.

3° Nous n'ajouterons rien à ce que nous avons déjà
dit de la publicité à laquelle la loi soumet certains contrats importants. Il est bien certain que l'étranger qui
contracte en France, ne pourra se soustraire à cette
obligation de publicité sans s'exposer aux conséquences
funestes qu'entraîne l'oubli de cette formalité. —

4° L'obligation est née avec toutes les conditions de
capacité, de forme et de publicité exigées soit par la
loi étrangère, soit par la loi française. — Arrivons aux
moyens d'extinction de cette obligation.

Il n'est pas douteux que les modes d'extinction re-

connus par la loi française pourront être invoqués par
l'étranger. — Mais une difficulté très grave s'est élevée
à l'occasion de la prescription, qui est certainement un
mode d'extinction des obligations. — Quelle est la loi
qui réglera les conditions de la prescription libératoire
d'une obligation née en France? — Plusieurs systèmes
ont été proposés. — Les principaux soutiennent : le
premier qu'il faudra considérer le domicile du débiteur
étranger pour fixer le temps et les conditions de la prescription ; le second qu'il faudra suivre la loi du lieu des
poursuites ; le troisième qu'il faudra s'attacher aux lois
qui règlent la prescription *extinctive* dans le lieu même
où l'obligation a pris naissance. — Pour repousser le
premier système, il suffit de remarquer que le débiteur
pourrait, en changeant de domicile, changer les conditions de la souscription. Quant au second système,
il fait dépendre du créancier la question de la prescription. Le dernier système, admis par M. de Savigny,
repose sur des raisons irréfutables, dont nous empruntons le développement au savant jurisconsulte allemand :
« D'après les vrais principes, ce n'est pas le droit du
» lieu où l'action est intentée, — mais bien le droit
» local de l'obligation qui détermine le temps de la
» prescription, et cette règle s'adapte d'autant mieux à
» la prescription que les divers motifs qui en font la
» base se rattachent à l'essence de l'obligation. — Con-
» forme à la rigueur des principes, cette doctrine se
» recommande en outre par des motifs d'équité ; car, en
» déterminant d'une manière absolue la loi de la pres-
» cription, elle empêche tout ce que la volonté arbi-
» traire de chacune des parties pourrait entreprendre
» au préjudice de l'autre. » — Ce système est adopté
par MM. Ballot, Demangeat, Plocque et de Vatismesnil.

— De plus, il est suivi par la jurisprudence. — Douai, 16 août 1834. Paris, 7 février 1859.

Mais, si l'obligation entre deux étrangers se complique d'une question d'État et de capacité, — s'il s'agit, par exemple, de l'action d'une femme ou d'un mineur contre le mari ou le tuteur, de même que la loi étrangère a pleine autorité pour fixer l'incapacité des uns et la responsabilité des autres, — ce sera cette même loi étrangère qui fixera l'action dont le mari et le tuteur seront tenus, et le délai dans lequel cette action devra être intentée. — En un mot, il ne faudra pas appliquer l'art. 1304 à l'extinction des droits des incapables étrangers. — On ne peut pas dire, en effet, que ces incapables aient accepté librement l'empire de la loi française, puisque leur incapacité même leur ôte toute liberté. — Si les droits réels, appartenant à ces personnes, peuvent être prescrits d'après les règles de la loi française, — cela tient à un principe complétement en dehors de toute question d'État, principe d'après lequel le statut réel embrasse sans distinction de personnes les divers modes d'acquérir, de conserver et de perdre la propriété en France. —

5° La preuve des obligations contractées en France par un étranger se fera en général d'après les règles admises par notre loi. Ce sera la loi française qui décidera jusqu'à quelle somme la preuve testimoniale est admise, quelle est la forme et la force de l'acte sous-seing privé et de l'acte authentique, et quelle est l'autorité d'une présomption, etc., etc. — Cependant, en ce qui concerne la présomption, il faut nettement distinguer les questions d'état, qui restent sous l'empire de la loi étrangère. Ainsi la présomption pater is est quem nuptiæ demonstrant ne devra pas être appliquée aux étrangers, — alors même que leur mariage aurait été célébré en France. Ce fait n'influe en rien sur l'autorité de la loi étrangère, en ce qui concerne les questions d'état. — Mais, il ne faudrait pas voir une question d'état et de capacité dans les art. 908 et 909, qui limitent ou paralysent entièrement la faculté de recevoir une libéralité, chez les enfants naturels et les personnes énumérés dans l'art. 909. Nous rappelons que, de l'avis de jurisconsultes recommandables, ces articles, contenant une question de disponibilité, s'appliquent à l'étranger. — S'il en est ainsi, il ne faut pas hésiter à soumettre l'étranger à la présomption de l'art. 911, sur le fondement de laquelle la loi annule certains actes, présumés faits en fraude de ses dispositions. —

APPENDICE.

—◦◦◦—

L'article 999 du Code civil contient-il une exception à la règle locus regit actum?

—

Jusqu'à présent, nous avons appliqué sans difficulté aux étrangers la règle locus regit actum; — c'est d'après cette règle que nous avons apprécié la valeur extrinsèque des actes qu'ils font en France. — Mais, en ce qui concerne le testament, un grand dissentiment s'est élevé parmi les auteurs, sur le point de savoir si cet acte doit être fait en France par l'étranger, suivant les règles de la loi française. Mettons de côté le testament authentique sur lequel il n'y a pas de difficultés. C'est le testament olographe qui a soulevé le dissentiment qui divise les auteurs. — L'art. 999 permet au Français de faire un testament olographe en pays étranger, quand bien même cette forme n'y serait pas admise; le législateur tranche ainsi une grande controverse de l'ancien Droit sur ce point. D'après certains auteurs, — l'art. 999 a fait du testament olographe une question de statut personnel. Ces auteurs, appliquant cette idée aux étrangers, soutiennent que l'étranger ne pourra tester en France en la forme olographe qu'autant que sa loi personnelle le lui permettra. Dans cette opinion, la règle locus regit actum serait abandonnée (Marcadé, A. Demante).— D'autres jurisconsultes ramènent la difficulté à une question de statut réel, et donnent à l'étranger, en ce qui concerne le testament olographe, les mêmes droits qu'aux Français, — parce qu'aux termes de l'art. 2 de la loi de 1819 (14 juillet) les étrangers *peuvent disposer de la même manière que les Français.* — Coin-Delisle art. 999. — Enfin, suivant une troisième opinion que nous adoptons, on peut contester avec raison tout rapport du testament olographe soit avec le statut personnel (puisqu'il n'est pas question de l'état ou de la capacité du testateur), soit avec le statut réel, (puisqu'on ne considère pas les biens eux-mêmes, ni leur nature, ni le mode de leur transmission), — mais seulement la forme d'un acte.— Nous n'hésitons pas à placer le testament olographe d'un étranger en France sous l'empire de la règle générale locus regit actum, et à interpréter la disposition spéciale de l'art. 999 dans le sens d'une faveur pour le Français, et non pas d'une exclusion pour l'étranger.) Colmet de Santerre. Tome IV, n° 128 *bis.*

IV.

CONSÉQUENCES, POUR L'ÉTRANGER, DE L'ÉTABLISSEMENT DE SON DOMICILE EN FRANCE.

L'article 11 du Code civil, qui n'accorde à l'étranger la jouissance des droits civils qu'autant qu'un traité diplomatique ou une loi politique contiennent formellement cette concession, est modifié par l'art. 13, en ce sens que l'étranger ayant son domicile en France pourra jouir des droits civils, *tant qu'il continuera d'y résider*. — L'application de ce principe nous conduit aux conséquences suivantes : 1° L'étranger, qui se trouve dans les conditions de l'art. 13, pourra participer à l'adoption, activement ou passivement. 2° Avant la loi de 1819, il aurait pu recevoir par succession, donation ou testament, bien que les traités diplomatiques n'eussent pas concédé le même droit aux Français, dans le pays de l'étranger. 3° Depuis la loi de 1819, la succession de l'étranger qui a son domicile en France ne sera pas liquidée, en séparant les meubles et les immeubles, comme on le fait pour l'étranger ordinaire. 4° Pour ceux qui tiennent l'hypothèque légale du mineur et de la femme mariée comme un droit civil, il sera vrai de dire que l'étranger appartenant à ces catégories de personnes pourra invoquer ce genre de protection. 5° Comme nous le verrons dans le chapitre suivant, tout étranger demandeur principal ou intervenant est tenu de donner la caution judicatum solvi ; l'étranger, de l'art. 13, sera dispensé de fournir cette caution. 6° Enfin, avant la loi de 1867, qui a aboli la contrainte par corps, l'étranger domicilié en France n'était soumis à cette mesure de rigueur que dans les cas et sous les conditions où un Français y était soumis. —

Mais, nonobstant l'autorisation accordée à l'étranger d'établir son domicile en France, il restera toujours soumis à sa loi personnelle, en ce qui concerne sa capacité et son état de mineur, d'interdit, de majeur, de femme mariée. Il n'est pas moins certain que l'étranger, bien qu'admis à la jouissance des droits civils, sera exclu de toute participation aux droits civiques ; ainsi, il ne pourra être ni électeur, ni éligible, ni avocat, ni magistrat, etc., etc.

Arrivons à l'importante question de savoir si l'étranger ne peut établir son domicile en France qu'avec l'autorisation du gouvernement. — C'est bien dans ce sens restrictif qu'il faut résoudre la difficulté. En effet, l'art. 13 est écrit en termes non équivoques : « L'étranger qui aura été admis *par l'autorisation du roi à établir en France son domicile.* » D'un autre côté, l'art. 102, sous la rubrique du domicile, ne nous autorise pas à étendre sa disposition aux étrangers ; — en effet, cet article ne parle que du Français. — Il faudra donc à l'étranger une autorisation du gouvernement pour fixer en France son domicile ; la jouissance de nos droits civils sera subordonnée, pour lui, à l'obtention de cette autorisation, et à une résidence continue. Mais, il ne sera pas nécessaire que l'étranger demande une autorisation spéciale pour chaque membre de sa famille ; il est bien certain que la femme et les enfants mineurs auront le même domicile, en France, que le mari, le père ou le tuteur. —

Nous ne pouvons guère passer à une autre matière sans dire quelques mots de la naturalisation, à l'occasion de l'art. 13. L'art. 13, en effet, est en quelque sorte le pivot de cette institution. — Nous n'avons pas à revenir sur les détails historiques que nous avons déjà présentés ; et nous arriverons tout de suite aux lois importantes de 1849 et de 1867, dont les dispositions dominent cette matière. — La loi de 1849 avait fixé à dix ans le séjour en France nécessaire à l'étranger pour être naturalisé. Ce délai a été réduit à trois ans par la loi de 1867. — Il peut même n'être que d'un an pour l'étranger qui aurait rendu à la France des services importants. Le délai utile pour la naturalisation commence à courir, du jour où l'étranger majeur a établi son domicile en France, dans les conditions de l'art. 13. — La condition du séjour une fois remplie, l'étranger adresse au Conseil d'Etat une requête, et le Conseil, suivant les cas, admet ou repousse la demande. —

C'est surtout à cause de ses effets que la naturalisation mérite d'être rapprochée de l'art. 13. — D'abord, la concession de la naturalisation est personnelle. Donc, la naturalisation du père, du mari n'entraînerait pas celle des enfants, de la femme. — Nous savons que l'établissement du domicile en France par l'étranger produit des effets différents, qui s'étendent à la femme et aux enfants, suivant le cas. Pourquoi cette différence? L'explication est bien simple. — L'établissement du domicile en France de l'étranger ne lui enlève en général aucun des droits dont il jouissait dans sa patrie ; — il ne fait que lui attribuer quelques droits de plus, qui lui rendront plus faciles ses relations avec les Français. La naturalisation, au contraire, enlève à l'étranger sa qualité d'étranger ; — la patrie française n'admet pas que l'on puisse diviser ses droits, ses devoirs et ses affections ; on est Français ou étranger. On conçoit alors que l'effet de la naturalisation soit relatif, et que chacun soit laissé juge de la question de savoir s'il doit renoncer à sa patrie pour devenir Français, ou s'il ne vaut pas mieux conserver ses devoirs et ses affections pour sa patrie d'origine.

La naturalisation ne semble pas ajouter beaucoup aux droits si importants, concédés par l'article 13. En effet, si l'étranger qui a été admis, par le gouvernement, à établir son domicile en France, jouit des droits civils comme le Français, qu'acquiert-il de plus, une fois naturalisé? La réponse est facile, si l'on songe à la disposition de la loi de 1849, par laquelle le ministre de l'intérieur a le droit d'exclure, du sol français l'étranger qui, après avoir reçu l'autorisation d'y établir son domicile, y devient un sujet de troubles. Dès que l'exclusion est prononcée, voilà l'étranger privé désormais de toute participation aux droits civils, autres que ceux dont un traité lui a assuré la jouissance. — Pour l'étranger naturalisé français, un ordre du ministre ne pourrait pas l'exclure du territoire. —

Même en laissant de côté la condition précaire que la loi de 1849 fait à l'étranger de l'art. 13, — il y a une grande différence entre un étranger et celui qui est naturalisé. — Si les droits civils leur sont également attribués, — les droits civiques sont refusés à l'un, tandis qu'ils sont ouverts à l'autre.

V.

DE L'ADMINISTRATION DE LA JUSTICE, PAR RAPPORT AUX ÉTRANGERS.

Ce n'est pas tout que de reconnaître à l'étranger certains droits ; qu'est-ce qu'un droit à côté duquel n'est point placée une action pour en protéger la jouissance ? — Disons sans hésitation que l'étranger peut demander à nos tribunaux la reconnaissance de ses droits méconnus. Mais, avant de pénétrer dans les détails de cette matière, il importe de formuler ce principe de toute équité, que, dans un pays civilisé la justice ne doit tenir aucun compte de la nationalité des personnes

qui demandent sa protection, et que dans un intérêt
d'ordre public elle doit mettre un terme aux conflits
qui s'élèvent soit entre nationaux et étrangers, soit
même entre étrangers. Nous ne pensons pas que ce
principe puisse être sérieusement combattu en théorie
pure. Les auteurs, qui veulent restreindre aux nationaux le droit d'obtenir justice, nous paraissent ne tenir aucun compte des progrès de la civilisation, sous
l'influence desquels il n'y a plus de barrière entre les
peuples, mais une patrie commune, ouverte aux relations de toutes sortes, et intéressée au maintien rigoureux des contrats. Une législation ancienne, le Droit
romain, avait créé un tribunal spécial, le tribunal du
prœtor Peregrinus, ouvert aux étrangers, et rendant
la justice dans les affaires où les étrangers étaient inté-
ressés. Sous l'empire de notre législation, nous avons
le regret de dire que la question importante d'un conflit possible entre deux étrangers n'a pas été prévue.
C'est là une lacune regrettable à ajouter aux trop nombreuses lacunes de la loi française sur la condition civile
de l'étranger en France. Aussi la doctrine est-elle hé-
sitante et la jurisprudence incertaine, sur le point de
savoir si les tribunaux Français doivent connaître des
conflits nés entre étrangers. Aucun texte de loi n'oblige
les tribunaux à se déclarer compétents; aucune loi, non
plus, ne leur fait un devoir de se déclarer incompé-
tents, quand deux étrangers consentent à déférer leurs
conflits à des juges Français. Mais si, au lieu de ce
consentement, nous voyons une partie demander à
être jugée par ses juges naturels, par le tribunal de son
domicile, ce sera un devoir pour le tribunal Français
de se déclarer incompétent.

La difficulté est tranchée par la loi elle-même, dans

certains cas. Ainsi, le conflit entre deux étrangers a-t-il pour objet la propriété ou la possession d'un immeuble situé en France? Le tribunal compétent est celui dans l'arrondissement duquel se trouve l'immeuble. — L'acte, contenant la convention pour l'interprétation ou l'exécution de laquelle s'élève le conflit, porte-t-il élection d'un domicile en France? Le tribunal du domicile élu sera parfaitement compétent. — Ainsi encore, si le conflit s'élève entre deux étrangers, à l'occasion d'un engagement commercial, le tribunal, dans l'arrondissement duquel la promesse a été faite et la marchandise livrée, pourra se prononcer sur le conflit aux termes de l'art. 220 du Code de procédure,—Enfin, nous pensons que les tribunaux français seraient compétents, chaque fois que l'ordre public est intéressé à la solution du conflit. Pour ne citer qu'un exemple, nous croyons que, si un étranger victime d'un délit commis par un autre étranger, en demandait à nos tribunaux la réparation pécuniaire, les tribunaux devraient recevoir la demande.

Revenons au Code civil, et examinons le cas où un Français et un étranger se trouvent obligés l'un envers l'autre.

Il faut soigneusement distinguer deux cas, le cas où l'étranger est défendeur, et celui où il est demandeur. L'étranger demandeur devra fournir la caution judicatum solvi, — tandis que l'étranger défendeur n'y sera nullement soumis. — Mais réservons les difficultés auxquelles peut donner lieu la caution judicatum solvi, et occupons-nous, pour le moment, de l'étranger défendeur.

Le Code civil (art. 14) suppose une obligation d'un étranger à l'égard d'un Français. Que cette obligation

soit née en France ou en pays étranger, le Français
aura le droit de poursuivre l'exécution de l'obligation
devant les tribunaux français. On reconnaît là une exception au principe général écrit dans l'art. 59 du Code
de procédure, en vertu duquel le défendeur doit être
assigné devant le tribunal de son domicile, ou devant
celui de sa résidence, quand il n'a pas de domicile. —
Cette disposition de la loi constitue un privilége et un
véritable droit civil pour le demandeur Français. Le législateur, craignant la partialité des tribunaux étrangers
en faveur de l'étranger contre les Français, a permis à
ce dernier de recourir à la justice française, — même
pour l'exécution des obligations nées en pays étranger.
Il suffit de réfléchir un instant pour comprendre que
les priviléges, que notre loi redoutait de la part des
tribunaux étrangers en faveur de l'étranger défendeur,
elle les réserve pour les Français. — Il est facile de
comprendre que nos tribunaux, malgré leurs constants
soucis pour une égale distribution de la justice, seront naturellement portés à sacrifier quelquefois l'intérêt du Français demandeur à celui du défendeur
étranger. — Mais si l'obligation a été contractée en
France, peut-on nous objecter, faudrait-il donc permettre à l'étranger de recourir aux juges de son domicile, dans un pays peut-être éloigné? — En ce cas,
nous aurions compris qu'une obligation née en France,
pour ainsi dire au contact des lois françaises, fût soumise à des juges Français; — nous aurions compris
que, dans cette circonstance particulière, l'étranger
eût vainement invoqué des juges naturels. — Mais
lorsque c'est le Français lui-même qui est allé en pays
étranger, et qui sous l'empire des lois étrangères est
devenu créancier, nous concevons difficilement qu'un

tribunal Français soit appelé à déterminer l'étendue et
la sanction de l'obligation.

Cependant, il y a des auteurs qui ont cherché à expliquer l'art. 14 par les dispositions des articles 2123
Code civil, et 546 Code de procédure. — S'il est vrai,
dit-on, que les jugements rendus en pays étranger
n'ont pas, en France, autorité de chose jugée, et si
nos tribunaux ont le droit de réviser ces jugements et
d'adopter une décision contraire à celle qu'ils contiennent, on comprend que le législateur, ne reconnaissant pas de force aux jugements rendus par des
magistrats étrangers, ait attribué à nos tribunaux le
droit de connaître des engagements, nés hors du territoire français, entre Français et étrangers. — Puisqu'il faudra de toute nécessité soumettre le jugement
étranger à des juges Français, qui l'adopteront ou le
repousseront, pourquoi ne pas faire une économie de
temps et d'argent? Pourquoi ne pas s'adresser tout
d'abord à ces tribunaux Français? —

Cette justification de l'article 14 s'appuie sur des principes qui sont loin d'être admis généralement. Il n'est
pas établi, en effet, que les jugements rendus en pays
étranger n'ont pas autorité de chose jugée en France.
Les articles 2122 Code civil et 546 procédure civile
n'ont pas le sens qu'on veut leur donner. Sans doute,
l'art. 2123 veut que le jugement rendu en pays étranger soit déclaré exécutoire par un tribunal Français.
Mais il ne dit pas que ce tribunal ait le droit de statuer
de nouveau sur la question déjà résolue par les juges
étrangers. Oui, le tribunal Français a le droit de donner
ou de refuser force exécutoire au jugement étranger;
mais si la force exécutoire a été reconnue à ce jugement,
ce sera, remarquons-le bien, ce jugement, et non pas

le nouveau jugement rendu par le tribunal Français, qui recevra son exécution. On objectera peut-être l'article 121 de l'ordonnance de 1629, qui accordait aux Français, contre lesquels un jugement a été rendu en pays étranger, de venir de nouveau débattre leurs droits en France! Mais, peut-on répondre, l'art. 121 de l'ordonnance ne permet qu'aux Français seuls, de soumettre de nouveau à un tribunal Français une question déjà résolue à leur détriment par des juges étrangers; cet article laisse donc de côté le cas où le jugement étranger est favorable au Français. — Et ensuite, quel est l'article du Code civil qui a reproduit la disposition de l'ordonnance de 1629? Où voyons-nous écrit pour nos tribunaux le droit de statuer de nouveau sur des questions jugées en pays étranger? Nulle part. La jurisprudence, cependant, est fixée dans un sens contraire à notre opinion. Quoi qu'il en soit de la jurisprudence sur notre question, — nous croyons devoir soutenir, en nous fondant sur nos textes de lois, qu'il est inexact de dire, en principe, que les jugements rendus en pays étranger, n'ont pas en France autorité de chose jugée. —

Il est donc impossible d'expliquer l'art. 14 par cette idée que l'autorité de la chose jugée manque aux jugements étrangers. Le véritable fondement de l'article 14 est dans le peu de confiance qu'inspire au législateur l'impartialité des tribunaux étrangers. Nous persistons à penser que le législateur s'est laissé entraîner par des considérations d'égoïsme plutôt que par un sentiment de justice.

L'esprit de l'art. 14 nous étant connu, tâchons d'en limiter la portée : 1° Nous avons déjà dit que cet article, contenant une exception aux principes posés par l'art. 59 du Code de procédure, constituait pour le Français un privilége ; ajoutons un véritable droit civil. Donc, l'étranger qui jouira en France des droits civils, en vertu de l'art. 13, pourra invoquer cette exception comme le Français ; 2° Rien n'oblige le Français à invoquer le privilége de l'art. 14 ; rien ne l'empêche d'assigner son débiteur étranger devant le tribunal de son domicile, en pays étranger, ni de renoncer par un acte spécial à se prévaloir de son privilége. Le jugement rendu en pays étranger aura l'autorité de la chose jugée ; mais pour être exécutoire en France, il devra recevoir l'exequatur des tribunaux Français ; 3° Bien que la loi ne parle que des obligations nées d'un contrat entre Français et étrangers, je pense qu'il faut étendre l'application de l'art. 14 aux obligations nées d'un quasi contrat, d'un délit, d'un quasi-délit? 4° L'étranger défendeur sera assigné en France selon les régles de l'art. 59. Mais s'il n'a pas de domicile en France, ce sera, croyons-nous, se conformer à l'esprit de la loi que d'assigner le défendeur étranger devant le tribunal du domicile du demandeur Français. —

De l'étranger demandeur. — L'art. 15 en accordant à l'étranger demandeur le droit d'assigner en France le Français défendeur ne fait qu'appliquer les principes formulés dans l'art. 59 du Code de procédure. Mais, l'art. 16 soumet le droit de l'étranger, demandeur principal ou intervenant, à certaines conditions spéciales. L'étranger demandeur est soumis à la caution judicatum solvi, qui a pour but de garantir le paiement des frais et dommages et intérêts résultant des procès. Le législateur, en exigeant cette garantie, a voulu que l'étranger, après avoir intenté à un Français un procès téméraire, ne pût se soustraire par la fuite aux consé-

quences d'une condamnation. « Les art. 16 du Code
» civil et 166 du Code de procédure ont pour objet,
» dit M. Colmet d'Aage, de rétablir une sorte d'équi-
» libre, une égalité de position judiciaire, par le
» moyen d'une caution entre le Français qui offre des
» garanties de domicile et l'étranger qui ne présente
» pas les mêmes garanties. »

La caution judicatum solvi n'est-elle due qu'au
Français défendeur? Sur ce point, il y a divergence d'o-
pinions. Certains auteurs prétendent que les dispositions des articles précités sont inspirées par des considérations générales qui restent invariables, que le
défendeur soit Français ou étranger. — Toute partie
qui succombe est condamnée aux dépens, dit l'art. 130.
Procédure civile. Ce principe est vrai dans tous les
conflits, soit entre Français et étrangers, soit entre
étrangers. S'il y a danger, dans le premier cas, que la
fuite du demandeur étranger désarme la justice, — le
danger est-il donc moins grand, dans le second cas,
parce que le demandeur étranger a pour adversaire un
étranger comme lui? — Sans doute, peut-on répondre
dans une autre opinion, les droits de la justice dominent toutes les distinctions que l'on voudrait faire entre
les défendeurs de nationalités différentes. Mais si des
principes généraux on passe à l'examen des textes de
loi, et à l'étude des travaux préparatoires, on remarque : 1° que l'art. 16, par sa place même au chapitre
des droits civils, se réfère évidemment aux personnes
qui jouissent des droits civils en France; or les étrangers ne jouissent pas des droits civils ; donc l'étranger
défendeur ne pourra pas demander la caution judicatum solvi. 2° Il n'y a qu'à lire attentivement les travaux préparatoires, pour avoir la conviction que les

rédacteurs du Code civil se plaçaient toujours au point
de vue « d'un Français, » ou « d'un citoyen ». Il est
donc exact de dire que l'étranger défendeur ne pourra
pas invoquer le bénéfice de l'art. 16, — sauf l'application de l'art. 13.

S'il est vrai que la caution judicatum solvi n'est pas
due dans u:. i- 'rêt d'ordre public, mais dans l'intérêt
personnel d'un défendeur Français, rien n'empêche le
Français de renoncer à une faveur créée pour lui. Le
Code de procédure nous cite un cas de renonciation tacite. Ainsi, dans le cas où la caution judicatum solvi ne
serait pas demandée in limine litis, avant tout autre
exception, le Français défendeur ne pourrait plus valablement la demander dans le cours des débats.

En disant que la caution judicatum solvi, doit être
opposée avant toute autre exception, nous tranchons
une grande difficulté, qui a donné lieu à de longues
discussions. Notre sujet ne comporte pas l'étude des
difficultés de procédure. Remarquons, cependant, que,
si l'exception d'incompétence par exemple devait être
opposée avant la caution judicatum solvi, ce mode de
classement pourrait entraîner des dangers pour le
Français défendeur. Ainsi l'étranger demandeur n'aurait qu'à prendre la fuite, après la discussion quelquefois longue que soulèvera l'exception d'incompétence ;
il arriverait que le défendeur Français, que la loi a
voulu protéger, serait obligé de payer les frais témé-
rairement occasionnés par un étranger sans garanties.

Outre le cas de renonciation à la caution judicatum
solvi, — n'y a-t-il pas des cas où l'étranger demandeur est dispensé de cette lourde obligation? La loi (art.
16 Code civil et 167 proc.) cite quelques cas où la dispense de fournir caution est nettement formulée : 1° s'il

s'agit d'une obligation commerciale pour laquelle l'é-
tranger demandeur vient plaider en France, l'étranger
ne doit pas fournir caution. Le législateur a compris
que les opérations commerciales doivent être dégagées
de toute formalité gênante, dont le premier résultat
serait d'arrêter la confiance, qui est certainement l'âme
du commerce; 2° il y a également dispense de fournir
caution, quand l'étranger possède en France des immeubles suffisants pour garantir le paiement des frais
et des dommages et intérêts résultant du procès;
3° Même dispense, quand l'étranger consignera la
somme que le tribunal aura fixée pour la garantie du
défendeur Français; 4° la caution n'est exigée que de
l'étranger ordinaire. Mais, dès que l'étranger a été autorisé à établir son domicile en France, et qu'il y a fixé
sa résidence, il est considéré comme Français au point
de vue des droits civils, et, par conséquent, dispensé
de la caution judicatum solvi; 5° en dehors des cas pré-
cédents, un traité international pourrait soustraire à
cette charge gênante l'étranger ordinaire; 6° enfin,
supposons une obligation née entre deux étrangers.
Au moyen d'une cession la créance passe à un
Français. Que va-t-il arriver si, dans cette hypothèse, l'étranger cédé assigne en France le Français
cessionnaire? Le défendeur Français va-t-il pouvoir
exiger la caution judicatum solvi, à l'occasion d'une
obligation qui en était affranchie en naissant? Le cessionnaire a-t-il pu acquérir plus de droits que le cédant n'en avait lui-même? D'après l'opinion commune
à laquelle nous nous rangeons, il faut distinguer entre
les créances civiles cessibles par les moyens ordinaires,
et les créances commerciales cessibles par endosse-
ment. Dans le premier cas, la caution ne serait pas

due ; elle le serait dans le second , parce que , par *la clause à ordre*, le débiteur originaire a consenti à subir la loi des différents cessionnaires. — Cependant, l'honorable doyen de la Faculté de Rennes, M. Bodin, ne fait pas de distinction ; et, dans les deux cas, il permet au Français défendeur d'invoquer la caution judicatum solvi, non parce que la créance a tel caractère déterminé, mais par cela seul que le défendeur est Français. —

Quant aux frais et dommages et intérêts dont la caution garantit le paiement, remarquons que l'art. 166 Procédure civile n'est pas suffisamment précis. — C'est sur l'expression « dommages et intérêts » qu'il s'agit de s'entendre. L'art. 16 indique fort bien dans quelles limites il faut se placer pour apprécier le quantum des dommages et intérêts garantis par la caution : il s'agit des *dommages et intérêts résultant du procès*. Il n'y a pas à apprécier d'autres faits que le procès lui-même ; mais sans sortir du procès, on peut, en vertu de l'art. 16, faire garantir par la caution le paiement des dommages et intérêts fixés par le tribunal, *pour la réparation d'une plainte téméraire, par exemple.*

Puisque l'étranger peut ester en justice, dans notre pays, il pourra invoquer toutes les conséquences des jugements. Il importe peu que le jugement soit rendu contre un Français ou contre un étranger. — Dans les deux cas, l'étranger qui a triomphé pourra invoquer l'hypothèque judiciaire que, dans des vues d'ordre public, la loi attache aux sentences judiciaires. Il est bien entendu que l'étranger ne pourra invoquer l'hypothèque judiciaire que dans les limites et sous les conditions prescrites par les lois françaises. —

Ajoutons que l'étranger pourra poursuivre l'exécution du jugement par toutes les voies de droit qu'autorise la loi française, et même par la contrainte par corps, depuis la loi de 1867 en matière criminelle, correctionnelle et de police.

Dans le travail que nous avons entrepris, nous avons recherché quelle était, au point de vue du Code civil, la co..ition de l'étranger en France. — Si maintenant, nous nous plaçons à un autre point de vue, au point de vue d'une réforme législative, — est-il souhaitable que la condition de l'étranger soit améliorée ? Nous avons le tort, en France, d'associer dans nos haines nationales les souverains et les peuples étrangers, — comme si les peuples pouvaient être responsables de l'ingratitude ou des fautes des souverains, envers la France. C'est sous l'empire de cette erreur que le Code civil a été rédigé, et que nous, Français du XIXe siècle, nous devons, en maintes circonstances, déterminer la condition de l'étranger, en interrogeant les traditions du Droit romain ou du moyen-âge. Une révision de nos lois sur la condition de l'étranger est nécessaire ; il faut faire disparaître de nos lois cette anomalie bizarre qui consiste à reconnaître en France la tutelle et le mariage d'un étranger, sans reconnaître au mineur et à la femme l'hypothèque légale qui doit les protéger. L'époque d'une révision si nécessaire est-elle prochaine ? — Nous le souhaitons. A côté de nous, la Belgique est entrée résolûment dans la voie des réformes. — Peut-être la Belgique, protégée qu'elle est par une neutralité conventionnelle contre l'ambition de ses voisins et contre sa propre ambition, — est-elle mieux placée que nous pour se montrer libérale envers les étrangers ? —

DROIT ROMAIN.

POSITIONS.

I. La Constitution de l'empereur Caracalla, qui étend le droit de cité à tous les sujets de l'empire, n'a pas touché à la condition des Latins Juniens, déportés, deditices, ni à celle des peuples conquis postérieurement.

II. Le Droit romain reconnaissait le mariage du droit des gens.

III. Chez les Romains, la tutelle est de droit civil, et ne peut être déférée ni à un Peregrin, ni sur un Peregrin.

IV. Il est impossible de concilier la loi 101 De verborum obligationibus D. Liv. 45, tit. I, et la loi 3 au Code De in integrum restitutione L. II, tit. 22.

V. Quand une res mancipi a été seulement livrée (tradita), le tradens garde le nudum Jus Quiritium, et l'accipiens à l'in bonis ; cette division de la propriété n'a pas lieu quand un Peregrin concourt à la tradition.

VI. A l'époque des jurisconsultes classiques, le possesseur ne doit restituer, au propriétaire aucune partie des fruits qu'il a perçus de bonne foi, au moment de la litis contestatio.

VII. Un droit réel de servitude ne peut être constitué par pactes et stipulations, ni sur les fonds Provinciaux, ni sur les fonds Italiques.

VIII. La Constitution de Caracalla s'appliquait aux personnes et nullement aux choses étrangères (fonds Provinciaux); — le Jus Italicum continue à être un des attributs du sol Italique.

IX. La donation à cause de mort n'est pas du droit des gens. En cette matière, la capacité de donner ou de recevoir se détermine par la capacité de faire un testament ou de recevoir à ce titre.

DROIT FRANÇAIS.

—

POSITIONS.

—

I. L'étranger, non autorisé à établir son domicile en France, jouit du droit des gens, et ne peut jouir des droits civils, — qu'autant qu'un traité ou une loi politique en contiennent la concession.

II. L'étranger divorcé conformément aux lois de son pays ne peut contracter un second mariage en France.

III. Le statut personnel de son pays accompagne l'étranger en France. L'application ne doit pas en être arrêtée, en principe, par ce fait qu'elle aurait entraîné un préjudice envers un Français. —

IV. L'étranger peut invoquer en France les droits réels qui sont les attributs de la propriété en général ou de quelques créances particulières, — et non les droits réels qui peuvent être considérés comme des faveurs créées par la loi. —

V. Lorsque à une succession, comprenant des biens en France et en pays étranger, sont appelés des Français et des étrangers, — l'exclusion prononcée par la loi étrangère contre les héritiers Français sera compensée, en France, — en vertu de la loi de 1819, — soit sur les immeubles soit sur les meubles de la succession. —

VI. L'étranger peut invoquer en France la prescription acquisitive ou libératoire. Dans le cas de prescription libératoire, on ne suivra pas la loi

du lieu des poursuites, ou du domicile du débiteur, mais la loi du lieu où l'obligation a pris
naissance.

VII. Le tribunal Français requis de rendre
exécutoire un jugement étranger ne doit pas réviser l'affaire au fond.

PROCÉDURE CIVILE.

I. La caution judicatum solvi doit être propo-
sée, avant toute autre exception, même avant
celles d'incompétence et de nullité d'exploit.

II. Elle est due par tout étranger, demandeur
principal ou intervenant, au Français et non à
l'étranger défendeur, à moins qu'il ne jouisse des
droits civils, en vertu de l'art. 13.

HISTOIRE DU DROIT.

I. La condition de tous les Barbares, par rapport aux Romains n'était pas uniforme.

II. Le droit d'aubaine, lato sensù, a une origine germanique.

DROIT DES GENS.

I. Les consuls ne jouissent pas du privilége
d'exterritorialité, à moins qu'ils ne remplissent une
mission diplomatique. —

II. L'enrôlement de volontaires toléré par un
neutre en faveur d'un belligérant peut être considéré comme une rupture de neutralité, quand
l'Etat neutre obéit à un régime despotique.

DROIT ADMINISTRATIF.

—

I. L'étranger admis à établir son domicile en France a droit à l'affouage dans la commune où il s'est établi.

II. Le lit des rivières qui ne sont ni navigables ni flottables appartient aux riverains. —

DROIT CRIMINEL.

—

I. Un Français acquitté en pays étranger, parce que la loi du pays ne punit pas le fait par lui commis, ne pourra pas être repris, par le ministère public, si le fait était puni par la loi Française.

II. Lorsqu'il y a aggravation de la peine contre l'auteur principal, cette aggravation de peine doit être appliquée au complice, alors même qu'elle prendrait sa source dans une qualité personnelle à l'auteur principal.

Vu :
Le Doyen de la Faculté,
COLMET-D'AAGE.

Vu :
Le Président de la Thèse,
L. LABBÉ.

Vu et permis d'imprimer :
Le Vice-Recteur de l'Académie de Paris,
A. MOURIER.

Beauvais, imp. de C. Moisand, rue des Flageots.

www.ingramcontent.com/pod-product-compliance
Lightning Source LLC
Chambersburg PA
CBHW071838200326
41519CB00016B/4154